KiWi 319

Über das Buch
Im Westen nichts Neues war das sensationellste Erfolgsbuch der deutschen Literatur überhaupt. Es wurde in 45 Sprachen übersetzt und hatte bereits vier Jahre nach Erscheinen (1929) eine Auflage von eineinhalb Millionen erreicht. 1933 verboten, erlebte das Buch nach dem 2. Weltkrieg eine Renaissance, die sich heute, angesichts immer neuer Kriegsgreuel in der Welt, wiederholt. Denn die Schrecken des 1. Weltkrieges sind die Schrecken aller Kriege. Remarque beschwört sie mit einer zupackenden Lebendigkeit, der schonungslosen Sprache der Jugend, die für jede Generation wieder neu spricht.

Der Autor
Erich Maria Remarque, 1898 in Osnabrück geboren, 1916 Soldat. 1929 erschien sein Buch *Im Westen nichts Neues*, das ein ungeheurer Erfolg wurde. 1933 wurden seine Bücher öffentlich verbrannt. Lebte seit 1929 überwiegend im Ausland, nach dem Krieg in der Schweiz, wo er 1970 starb.

Weitere Titel bei k & w:
Im Westen nichts Neues, Roman, Mit Materialien, KiWi 141. *Die Nacht von Lissabon*, Roman, KiWi 151. *Arc de Triomphe*, Roman, KiWi 164. *Der Funke Leben*, Roman, KiWi 165. *Der schwarze Obelisk*, Roman, KiWi 184, *Zeit zu leben und Zeit zu sterben*, Roman, KiWi 193. *Der Weg zurück*, Roman, KiWi 229. *Drei Kameraden*, Roman, KiWi 239. *Liebe Deinen Nächsten*, Roman, KiWi 248.

Erich Maria Remarque

Im Westen nichts Neues

Roman

Kiepenheuer & Witsch

Umschlag Manfred Schulz, Köln nach einer Konzeption von Hannes Jähn
Gesamtherstellung Clausen & Bosse, Leck
ISBN 3 462 01844 2

Dieses Buch soll weder eine Anklage
noch ein Bekenntnis sein.
Es soll nur den Versuch machen,
über eine Generation zu berichten,
die vom Kriege zerstört wurde –
auch wenn sie seinen Granaten entkam.

I

Wir liegen neun Kilometer hinter der Front. Gestern wurden wir abgelöst; jetzt haben wir den Magen voll weißer Bohnen mit Rindfleisch und sind satt und zufrieden. Sogar für abends hat jeder noch ein Kochgeschirr voll fassen können; dazu gibt es außerdem doppelte Wurst- und Brotportionen – das schafft. So ein Fall ist schon lange nicht mehr dagewesen: der Küchenbulle mit seinem roten Tomatenkopf bietet das Essen direkt an; jedem, der vorbeikommt, winkt er mit seinem Löffel zu und füllt ihm einen kräftigen Schlag ein. Er ist ganz verzweifelt, weil er nicht weiß, wie er seine Gulaschkanone leerkriegen soll. Tjaden und Müller haben ein paar Waschschüsseln aufgetrieben und sie sich bis zum Rand gestrichen voll geben lassen, als Reserve. Tjaden macht das aus Freßsucht, Müller aus Vorsicht. Wo Tjaden es läßt, ist allen ein Rätsel. Er ist und bleibt ein magerer Hering.

Das Wichtigste aber ist, daß es auch doppelte Rauchportionen gegeben hat. Für jeden zehn Zigarren, zwanzig Zigaretten und zwei Stück Kautabak, das ist sehr anständig. Ich habe meinen Kautabak mit Katczinsky gegen seine Zigaretten getauscht, das macht für mich vierzig Zigaretten. Damit langt man schon einen Tag.

Dabei steht uns diese ganze Bescherung eigentlich nicht zu. So splendid sind die Preußen nicht. Wir haben sie nur einem Irrtum zu verdanken.

Vor vierzehn Tagen mußten wir nach vorn, um abzulösen. Es war ziemlich ruhig in unserm Abschnitt, und der Furier hatte deshalb für den Tag unserer Rückkehr das normale Quantum Lebensmittel erhalten und für die hundertfünfzig Mann starke Kompanie vorgesorgt. Nun aber gab es gerade am letzten Tage bei uns überraschend viel Langrohr und dicke Brocken, englische Artillerie, die ständig auf unsere Stellung trommelte, so daß wir starke Verluste hatten und nur mit achtzig Mann zurückkamen.

Wir waren nachts eingerückt und hatten uns gleich hingehauen, um erst einmal anständig zu schlafen; denn Katczinsky hat recht: es wäre alles nicht so schlimm mit dem Krieg, wenn man nur mehr Schlaf haben würde. Vorne ist es doch nie etwas damit, und vierzehn Tage jedesmal sind eine lange Zeit.

Es war schon Mittag, als die ersten von uns aus den Baracken krochen. Eine halbe Stunde später hatte jeder sein Kochgeschirr gegriffen, und wir versammelten uns vor der Gulaschmarie, die fettig und nahrhaft roch. An der Spitze natürlich die Hungrigsten: der kleine Albert Kropp, der von uns am klarsten denkt und deshalb erst Gefreiter ist; – Müller V, der noch Schulbücher mit sich herumschleppt und vom Notexamen träumt, im Trommelfeuer büffelt er physikalische Lehrsätze; – Leer, der einen Vollbart trägt und große Vorliebe für Mädchen aus den Offizierspuffs hat; er schwört darauf, daß sie durch Armeebefehl verpflichtet wären, seidene Hemden zu tragen und bei Gästen vom Hauptmann aufwärts vorher zu baden; – und als vierter ich, Paul Bäumer. Alle vier neunzehn Jahre alt, alle vier aus derselben Klasse in den Krieg gegangen.

Dicht hinter uns unsere Freunde. Tjaden, ein magerer Schlosser, so alt wie wir, der größte Fresser der Kompanie. Er setzt sich schlank zum Essen hin und steht dick wie eine schwangere Wanze wieder auf; – Haie Westhus, gleich alt, Torfstecher, der bequem ein Kommißbrot in eine Hand nehmen und fragen kann: Ratet mal, was ich in der Faust habe; – Detering, ein Bauer, der nur an seinen Hof und an seine Frau denkt; – und endlich Stanislaus Katczinsky, das Haupt unserer Gruppe, zäh, schlau, gerissen, vierzig Jahre alt, mit einem Gesicht aus Erde, mit blauen Augen, hängenden Schultern und einer wunderbaren Witterung für dicke Luft, gutes Essen und schöne Druckposten. Unsere Gruppe bildete die Spitze der Schlange vor der Gulaschkanone. Wir wurden ungeduldig, denn der ahnungslose Küchenkarl stand noch immer und wartete. Endlich rief Katczinsky ihm zu: »Nun mach deinen Bouillonkeller schon auf, Heinrich! Man sieht doch, daß die Bohnen gar sind.«

Der schüttelte schläfrig den Kopf: »Erst müßt ihr alle dasein.«

Tjaden grinste: »Wir sind alle da.«

Der Unteroffizier merkte noch nichts. »Das könnte euch so passen! Wo sind denn die andern?«

»Die werden heute nicht von dir verpflegt! Feldlazarett und Massengrab.«

Der Küchenbulle war erschlagen, als er die Tatsachen erfuhr. Er wankte.

»Und ich habe für hundertfünfzig Mann gekocht.«

Kropp stieß ihm in die Rippen. »Dann werden wir endlich mal satt. Los, fang an!«

Plötzlich aber durchfuhr Tjaden eine Erleuchtung. Sein spitzes Mausegesicht fing ordentlich an zu schimmern, die Augen wurden klein vor Schlauheit, die Backen zuckten, und er trat dichter heran: »Menschenskind, dann hast du ja auch für hundertfünfzig Mann Brot empfangen, was?«

Der Unteroffizier nickte verdattert und geistesabwesend.

Tjaden packte ihn am Rock. »Und Wurst auch?«

Der Tomatenkopf nickte wieder.

Tjadens Kiefer bebten. »Tabak auch?«

»Ja, alles.«

Tjaden sah sich strahlend um. »Donnerwetter, das nennt man Schwein haben! Das ist dann ja alles für uns! Da kriegt jeder ja – wartet mal – tatsächlich, genau doppelte Portionen!«

Jetzt aber erwachte die Tomate wieder zum Leben und erklärte: »Das geht nicht.«

Doch nun wurden auch wir munter und schoben uns heran.

»Warum geht das denn nicht, du Mohrrübe?« fragte Katczinsky.

»Was für hundertfünfzig Mann ist, kann doch nicht für achtzig sein.«

»Das werden wir dir schon zeigen«, knurrte Müller.

»Das Essen meinetwegen, aber Portionen kann ich nur für achtzig Mann ausgeben«, beharrte die Tomate.

Katczinsky wurde ärgerlich. »Du mußt wohl mal abgelöst werden, was? Du hast nicht für achtzig Mann, sondern für die 2. Kompanie Furage empfangen, fertig. Die gibst du aus! Die 2. Kompanie sind wir.«

Wir rückten dem Kerl auf den Leib. Keiner konnte ihn gut leiden, er war schon ein paarmal schuld daran gewesen, daß wir im Graben das Essen viel zu spät und kalt bekommen hatten, weil er sich bei etwas Granatfeuer mit seinem Kessel nicht nahe genug herantraute, so daß unsere Essenholer einen viel weiteren Weg machen mußten als die der andern Kompanien. Da war Bulcke von der ersten ein besserer Bursche. Er war zwar fett wie ein Winterhamster, aber er schleppte, wenn es darauf ankam, die Töpfe selbst bis zur vordersten Linie.

Wir waren gerade in der richtigen Stimmung, und es hätte bestimmt Kleinholz gegeben, wenn nicht unser Kompanieführer aufgetaucht wäre. Er erkundigte sich nach dem Streitfall und sagte vorläufig nur: »Ja, wir haben gestern starke Verluste gehabt –«

Dann guckte er in den Kessel. »Die Bohnen scheinen gut zu sein.«

Die Tomate nickte. »Mit Fett und Fleisch gekocht.«

Der Leutnant sah uns an. Er wußte, was wir dachten. Auch sonst wußte er noch manches, denn er war zwischen uns groß geworden und als Unteroffizier zur Kompanie gekommen. Er hob den Deckel noch einmal vom Kessel und schnupperte. Im Weggehen sagte er: »Bringt mir auch einen Teller voll. Und die Portionen werden alle verteilt. Wir können sie brauchen.«

Die Tomate machte ein dummes Gesicht. Tjaden tanzte um sie herum.

»Das schadet dir gar nichts! Als ob ihm das Proviantamt

gehört, so tut er. Und nun fang an, du alter Speckjäger, und verzähle dich nicht –«

»Häng dich auf!« fauchte die Tomate. Sie war geplatzt, so etwas ging ihr gegen den Verstand. Sie begriff die Welt nicht mehr. Und als wollte sie zeigen, daß nun schon alles egal sei, verteilte sie pro Kopf freiwillig noch ein halbes Pfund Kunsthonig.

*

Der Tag ist wirklich gut heute. Sogar Post ist da, fast jeder hat ein paar Briefe und Zeitungen. Nun schlendern wird zu der Wiese hinter den Baracken hinüber. Kropp hat den runden Deckel eines Margarinefasses unterm Arm.

Am rechten Rande der Wiese ist eine große Massenlatrine erbaut, ein überdachtes, stabiles Gebäude. Doch das ist was für Rekruten, die noch nicht gelernt haben, aus jeder Sache Vorteil zu ziehen. Wir suchen etwas Besseres. Überall verstreut stehen nämlich noch kleine Einzelkästen für denselben Zweck. Sie sind viereckig, sauber, ganz aus Holz getischlert, rundum geschlossen, mit einem tadellosen, bequemen Sitz. An den Seitenflächen befinden sich Handgriffe, so daß man sie transportieren kann.

Wir rücken drei im Kreise zusammen und nehmen gemütlich Platz. Vor zwei Stunden werden wir hier nicht wieder aufstehen.

Ich weiß noch, wie wir uns anfangs genierten als Rekruten in der Kaserne, wenn wir die Gemeinschaftslatrine benutzen mußten. Türen gibt es da nicht, es sitzen zwanzig Mann nebeneinander wie in der Eisenbahn. Sie sind mit einem Blick zu übersehen; – der Soldat soll eben ständig unter Aufsicht sein.

Wir haben inzwischen mehr gelernt, als das bißchen Scham zu überwinden. Mit der Zeit wurde uns noch ganz anderes geläufig.

Hier draußen ist die Sache aber geradezu ein Genuß. Ich weiß nicht mehr, weshalb wir früher an diesen Dingen immer scheu vorbeigehen mußten, sie sind ja ebenso natürlich wie Essen und Trinken. Und man brauchte sich vielleicht auch nicht besonders darüber zu äußern, wenn sie nicht so eine wesentliche Rolle bei uns spielten und gerade uns neu gewesen wären – den übrigen waren sie längst selbstverständlich.

Dem Soldaten ist sein Magen und seine Verdauung ein vertrauteres Gebiet als jedem anderen Menschen. Drei Viertel seines Wortschatzes sind ihm entnommen, und sowohl der Ausdruck höchster Freude als auch der tiefster Entrüstung findet hier seine kernige Untermalung. Es ist unmöglich, sich auf eine andere Art so knapp und klar zu äußern. Unsere Familien und unsere Lehrer werden sich schön wundern, wenn wir nach Hause kommen, aber es ist hier nun einmal die Universalsprache.

Für uns haben diese ganzen Vorgänge den Charakter der Unschuld wiedererhalten durch ihre zwangsmäßige Öffentlichkeit. Mehr noch: sie sind uns so selbstverständlich, daß ihre gemütliche Erledigung ebenso gewertet wird wie meinetwegen ein schön durchgeführter, bombensicherer Grand ohne viere. Nicht umsonst ist für Geschwätz aller Art das Wort »Latrinenparole« entstanden; diese Orte sind die Klatschecken und der Stammtischersatz beim Kommiß.

Wir fühlen uns augenblicklich wohler als im noch so weiß

gekachelten Luxuslokus. Dort kann es nur hygienisch sein; hier aber ist es schön.

Es sind wunderbar gedankenlose Stunden. Über uns steht der blaue Himmel. Am Horizont hängen hellbestrahlte gelbe Fesselballons und die weißen Wölkchen der Flakgeschosse. Manchmal schnellen sie wie eine Garbe hoch, wenn sie einen Flieger verfolgen.

Nur wie ein sehr fernes Gewitter hören wir das gedämpfte Brummen der Front. Hummeln, die vorübersummen, übertönen es schon.

Und rund um uns liegt die blühende Wiese. Die zarten Rispen der Gräser wiegen sich, Kohlweißlinge taumeln heran, sie schweben im weichen, warmen Wind des Spätsommers, wir lesen Briefe und Zeitungen und rauchen, wir setzen die Mützen ab und legen sie neben uns, der Wind spielt mit unseren Haaren, er spielt mit unseren Worten und Gedanken.

Die drei Kästen stehen mitten im leuchtenden, roten Klatschmohn. –

Wir legen den Deckel des Margarinefasses auf unsere Knie. So haben wir eine gute Unterlage zum Skatspielen. Kropp hat die Karten bei sich. Nach jedem Nullouvert wird eine Partie Schieberamsch eingelegt. Man könnte ewig so sitzen.

Die Töne einer Ziehharmonika klingen von den Baracken her. Manchmal legen wir die Karten hin und sehen uns an. Einer sagt dann: »Kinder, Kinder – –«, oder: »Das hätte schiefgehen können –«, und wir versinken einen Augenblick in Schweigen. In uns ist ein starkes, verhaltenes Gefühl, jeder spürt es, das braucht nicht viele Worte. Leicht

14

hätte es sein können, daß wir heute nicht auf unsern Kästen säßen, es war verdammt nahe daran. Und darum ist alles neu und stark – der rote Mohn und das gute Essen, die Zigaretten und der Sommerwind.

Kropp fragt: »Hat einer von euch Kemmerich noch mal gesehen?«

»Er liegt in St. Joseph«, sage ich.

Müller meint, er habe einen Oberschenkeldurchschuß, einen guten Heimatpaß.

Wir beschließen, ihn nachmittags zu besuchen.

Kropp holt einen Brief hervor. »Ich soll euch grüßen von Kantorek.«

Wir lachen. Müller wirft seine Zigarette weg und sagt: »Ich wollte, der wäre hier.«

*

Kantorek war unser Klassenlehrer, ein strenger, kleiner Mann in grauem Schoßrock, mit einem Spitzmausgesicht. Er hatte ungefähr dieselbe Statur wie der Unteroffizier Himmelstoß, der »Schrecken des Klosterberges«. Es ist übrigens komisch, daß das Unglück der Welt so oft von kleinen Leuten herrührt, sie sind viel energischer und unverträglicher als großgewachsene. Ich habe mich stets gehütet, in Abteilungen mit kleinen Kompanieführern zu geraten; es sind meistens verfluchte Schinder.

Kantorek hielt uns in den Turnstunden so lange Vorträge, bis unsere Klasse unter seiner Führung geschlossen zum Bezirkskommando zog und sich meldete. Ich sehe ihn noch vor mir, wie er uns durch seine Brillengläser anfunkelte und mit ergriffener Stimme fragte: »Ihr geht doch mit, Kameraden?«

Diese Erzieher haben ihr Gefühl so oft in der Westentasche parat; sie geben es ja auch stundenweise aus. Doch darüber machten wir uns damals noch keine Gedanken.

Einer von uns allerdings zögerte und wollte nicht recht mit. Das war Josef Behm, ein dicker, gemütlicher Bursche. Er ließ sich dann aber überreden, er hätte sich auch sonst unmöglich gemacht. Vielleicht dachten noch mehrere so wie er; aber es konnte sich niemand gut ausschließen, denn mit dem Wort »feige« waren um diese Zeit sogar Eltern rasch bei der Hand. Die Menschen hatten eben alle keine Ahnung von dem, was kam. Am vernünftigsten waren eigentlich die armen und einfachen Leute; sie hielten den Krieg gleich für ein Unglück, während die bessergestellten vor Freude nicht aus noch ein wußten, obschon gerade sie sich über die Folgen viel eher hätten klarwerden können.

Katczinsky behauptet, das käme von der Bildung, sie mache dämlich. Und was Kat sagt, das hat er sich überlegt.

Sonderbarerweise war Behm einer der ersten, die fielen. Er erhielt bei einem Sturm einen Schuß in die Augen, und wir ließen ihn für tot liegen. Mitnehmen konnten wir ihn nicht, weil wir überstürzt zurück mußten. Nachmittags hörten wir ihn plötzlich rufen und sahen ihn draußen herumkriechen. Er war nur bewußtlos gewesen. Weil er nichts sah und wild vor Schmerzen war, nutzte er keine Deckung aus, so daß er von drüben abgeschossen wurde, ehe jemand herankam, um ihn zu holen.

Man kann Kantorek natürlich nicht damit in Zusammenhang bringen; – wo bliebe die Welt sonst, wenn man das schon Schuld nennen wollte. Es gab ja Tausende von Kantoreks, die alle überzeugt waren, auf eine für sie bequeme Weise das Beste zu tun.

Darin liegt aber gerade für uns ihr Bankerott.

Sie sollten uns Achtzehnjährigen Vermittler und Führer zur Welt des Erwachsenseins werden, zur Welt der Arbeit, der Pflicht, der Kultur und des Fortschritts, zur Zukunft. Wir verspotteten sie manchmal und spielten ihnen kleine Streiche, aber im Grunde glaubten wir ihnen. Mit dem Begriff der Autorität, dessen Träger sie waren, verband sich in unseren Gedanken größere Einsicht und menschlicheres Wissen. Doch der erste Tote, den wir sahen, zertrümmerte diese Überzeugung. Wir mußten erkennen, daß unser Alter ehrlicher war als das ihre; sie hatten vor uns nur die Phrase und die Geschicklichkeit voraus. Das erste Trommelfeuer zeigte uns unseren Irrtum, und unter ihm stürzte die Weltanschauung zusammen, die sie uns gelehrt hatten.

Während sie noch schrieben und redeten, sahen wir Lazarette und Sterbende; – während sie den Dienst am Staate als das Größte bezeichneten, wußten wir bereits, daß die Todesangst stärker ist. Wir wurden darum keine Meuterer, keine Deserteure, keine Feiglinge – alle diese Ausdrücke waren ihnen ja so leicht zur Hand –, wir liebten unsere Heimat genauso wie sie, und wir gingen bei jedem Angriff mutig vor; – aber wir unterschieden jetzt, wir hatten mit einem Male sehen gelernt. Und wir sahen, daß nichts von ihrer Welt übrig blieb. Wir waren plötzlich auf furchtbare Weise allein; – und wir mußten allein damit fertig werden.

*

Bevor wir zu Kemmerich aufbrechen, packen wir seine Sachen ein; er wird sie unterwegs gut brauchen können.

Im Feldlazarett ist großer Betrieb; es riecht wie immer nach Karbol, Eiter und Schweiß. Man ist aus den Baracken manches gewohnt, aber hier kann einem doch flau werden. Wir fragen uns nach Kemmerich durch; er liegt in einem Saal und empfängt uns mit einem schwachen Ausdruck von Freude und hilfloser Aufregung. Während er bewußtlos war, hat man ihm seine Uhr gestohlen.

Müller schüttelt den Kopf: »Ich habe dir ja immer gesagt, daß man eine so gute Uhr nicht mitnimmt.«

Müller ist etwas tapsig und rechthaberisch. Sonst würde er den Mund halten, denn jeder sieht, daß Kemmerich nicht mehr aus diesem Saal herauskommt. Ob er seine Uhr wiederfindet, ist ganz egal, höchstens, daß man sie nach Hause schicken könnte.

»Wie geht's denn, Franz?« fragt Kropp.

Kemmerich läßt den Kopf sinken. »Es geht ja – ich habe bloß so verfluchte Schmerzen im Fuß.«

Wir sehen auf seine Decke. Sein Bein liegt unter einem Drahtkorb, das Deckbett wölbt sich dick darüber. Ich trete Müller gegen das Schienbein, denn er brächte es fertig, Kemmerich zu sagen, was uns die Sanitäter draußen schon erzählt haben: daß Kemmerich keinen Fuß mehr hat. Das Bein ist amputiert.

Er sieht schrecklich aus, gelb und fahl, im Gesicht sind schon die fremden Linien, die wir so genau kennen, weil wir sie schon hundertmal gesehen haben. Es sind eigentlich keine Linien, es sind mehr Zeichen. Unter der Haut pulsiert kein Leben mehr; es ist bereits herausgedrängt bis an den Rand des Körpers, von innen arbeitet sich der Tod durch, die Augen beherrscht er schon. Dort liegt unser Kamerad Kemmerich, der mit uns vor kurzem noch Pferdefleisch gebraten und im Trichter gehockt hat; – er ist es noch, und er ist es doch nicht mehr, verwaschen, unbestimmt ist sein Bild geworden, wie eine fotografische Platte, auf der zwei Aufnahmen gemacht worden sind. Selbst seine Stimme klingt wie Asche.

Ich denke daran, wie wir damals abfuhren. Seine Mutter, eine gute, dicke Frau, brachte ihn zum Bahnhof. Sie weinte ununterbrochen, ihr Gesicht war davon gedunsen und geschwollen. Kemmerich genierte sich deswegen, denn sie war am wenigsten gefaßt von allen, sie zerfloß förmlich in Fett und Wasser. Dabei hatte sie es auf mich abgesehen, immer wieder ergriff sie meinen Arm und flehte mich an, auf Franz draußen achtzugeben. Er hatte allerdings auch ein Gesicht wie ein Kind und so weiche Knochen, daß er nach vier Wochen Tornistertragen schon Plattfüße bekam. Aber wie kann man im Felde auf jemand achtgeben!

»Du wirst ja nun nach Hause kommen«, sagt Kropp, »auf Urlaub hättest du mindestens noch drei, vier Monate warten müssen.«

Kemmerich nickt. Ich kann seine Hände nicht gut ansehen, sie sind wie Wachs. Unter den Nägeln sitzt der Schmutz des Grabens, er sieht blauschwarz aus wie Gift. Mir fällt ein, daß diese Nägel weiterwachsen werden, lange noch, gespenstische Kellergewächse, wenn Kemmerich längst nicht mehr atmet. Ich sehe das Bild vor mir: sie krümmen sich zu Korkenziehern und wachsen und wachsen, und mit ihnen die Haare auf dem zerfallenden Schädel, wie Gras auf gutem Boden, genau wie Gras, wie ist das nur möglich –?

Müller bückt sich. »Wir haben deine Sachen mitgebracht, Franz.«

Kemmerich zeigt mit der Hand. »Legt sie unters Bett.«

Müller tut es. Kemmerich fängt wieder von der Uhr an. Wie soll man ihn nur beruhigen, ohne ihn mißtrauisch zu machen!

Müller taucht mit einem Paar Fliegerstiefel wieder auf. Es sind herrliche englische Schuhe aus weichem, gelbem Leder, die bis zum Knie reichen und ganz hinauf geschnürt werden, eine begehrte Sache. Müller ist von ihrem Anblick begeistert, er hält ihre Sohlen gegen seine eigenen klobigen Schuhe und fragt: »Willst du denn die Stiefel mitnehmen, Franz?«

Wir denken alle drei das gleiche: selbst wenn er gesund würde, könnte er nur einen gebrauchen, sie wären für ihn also wertlos. Aber wie es jetzt steht, ist es ein Jammer, daß sie hierbleiben; – denn die Sanitäter werden sie natürlich sofort wegschnappen, wenn er tot ist.

Müller wiederholt: »Willst du sie nicht hier lassen?«

Kemmerich will nicht. Es sind seine besten Stücke.

»Wir können sie ja umtauschen«, schlägt Müller wieder vor, »hier draußen kann man so was brauchen.«

Doch Kemmerich ist nicht zu bewegen.

Ich trete Müller auf den Fuß; er legt die schönen Stiefel zögernd wieder unter das Bett.

Wir reden noch einiges und verabschieden uns dann. »Mach's gut, Franz.«

Ich verspreche ihm, morgen wiederzukommen. Müller redet ebenfalls davon; er denkt an die Schnürschuhe und will deshalb auf dem Posten sein.

Kemmerich stöhnt. Er hat Fieber. Wir halten draußen einen Sanitäter an und reden ihm zu, Kemmerich eine Spritze zu geben.

Er lehnt ab. »Wenn wir jedem Morphium geben wollten, müßten wir Fässer voll haben –«

»Du bedienst wohl nur Offiziere«, sagt Kropp gehässig.

Rasch lege ich mich ins Mittel und gebe dem Sanitäter zunächst mal eine Zigarette. Er nimmt sie. Dann frage ich: »Darfst du denn überhaupt eine machen?«

Er ist beleidigt. »Wenn ihr's nicht glaubt, was fragt ihr mich –«

Ich drücke ihm noch ein paar Zigaretten in die Hand. »Tu uns den Gefallen –«

»Na, schön«, sagt er. Kropp geht mit hinein, er traut ihm nicht und will zusehen. Wir warten draußen.

Müller fängt wieder von den Stiefeln an. »Sie würden mir tadellos passen. In diesen Kähnen laufe ich mir Blasen über Blasen. Glaubst du, daß er durchhält bis morgen nach dem Dienst? Wenn er nachts abgeht, haben wir die Stiefel gesehen –«

Albert kommt zurück. »Meint ihr – –?« fragt er.

»Erledigt«, sagt Müller abschließend.

Wir gehen zu unsern Baracken zurück. Ich denke an den Brief, den ich morgen schreiben muß an Kemmerichs Mutter. Mich friert. Ich möchte einen Schnaps trinken. Müller rupft Gräser aus und kaut daran. Plötzlich wirft der kleine Kropp seine Zigarette weg, trampelt wild darauf herum, sieht sich um, mit einem aufgelösten und verstörten Geicht, und stammelt: »Verfluchte Scheiße, diese verfluchte Scheiße.«

Wir gehen weiter, eine lange Zeit. Kropp hat sich beruhigt, wir kennen das, es ist der Frontkoller, jeder hat ihn mal. Müller fragt ihn: »Was hat dir der Kantorek eigentlich geschrieben?«

Er lacht: »Wir wären die eiserne Jugend.«

Wir lachen alle drei ärgerlich. Kropp schimpft; er ist froh, daß er reden kann. –

Ja, so denken sie, so denken sie, die hunderttausend Kantoreks! Eiserne Jugend. Jugend! Wir sind alle nicht mehr als zwanzig Jahre. Aber jung? Jugend? Das ist lange her. Wir sind alte Leute.

2

Es ist für mich sonderbar, daran zu denken, daß zu Hause, in einer Schreibtischlade, ein angefangenes Drama »Saul« und ein Stoß Gedichte liegen. Manchen Abend habe ich darüber verbracht, wir haben ja fast alle so etwas Ähnliches gemacht; aber es ist mir so unwirklich geworden, daß ich es mir nicht mehr richtig vorstellen kann.

Seit wir hier sind, ist unser früheres Leben abgeschnitten, ohne daß wir etwas dazu getan haben. Wir versuchen manchmal, einen Überblick und eine Erklärung dafür zu gewinnen, doch es gelingt uns nicht recht. Gerade für uns Zwanzigjährige ist alles besonders unklar, für Kropp, Müller, Leer, mich, für uns, die Kantorek als eiserne Jugend bezeichnet. Die älteren Leute sind alle fest mit dem Früheren verbunden, sie haben Grund, sie haben Frauen, Kinder, Berufe und Interessen, die schon so stark sind, daß der Krieg sie nicht zerreißen kann. Wir Zwanzigjährigen aber haben nur unsere Eltern und manche ein Mädchen. Das ist nicht viel – denn in unserm Alter ist die Kraft der Eltern am schwächsten, und die Mädchen sind noch nicht beherrschend. Außer diesem gab es ja bei uns nicht viel anderes mehr; etwas Schwärmertum, einige Liebhabereien und die

23

Schule; weiter reichte unser Leben noch nicht. Und davon ist nichts geblieben.

Kantorek würde sagen, wir hätten gerade an der Schwelle des Daseins gestanden. So ähnlich ist es auch. Wir waren noch nicht eingewurzelt. Der Krieg hat uns weggeschwemmt. Für die andern, die älteren, ist er eine Unterbrechung, sie können über ihn hinausdenken. Wir aber sind von ihm ergriffen worden und wissen nicht, wie das enden soll. Was wir wissen, ist vorläufig nur, daß wir auf eine sonderbare und schwermütige Weise verroht sind, obschon wir nicht einmal oft mehr traurig werden.

*

Wenn Müller gern Kemmerichs Stiefel haben will, so ist er deshalb nicht weniger teilnahmsvoll als jemand, der vor Schmerz nicht daran zu denken wagte. Er weiß nur zu unterscheiden. Würden die Stiefel Kemmerich etwas nutzen, dann liefe Müller lieber barfuß über Stacheldraht, als groß zu überlegen, wie er sie bekommt. So aber sind die Stiefel etwas, das gar nichts mit Kemmerichs Zustand zu tun hat, während Müller sie gut verwenden kann. Kemmerich wird sterben, einerlei, wer sie erhält. Warum soll deshalb Müller nicht dahinter her sein, er hat doch mehr Anrecht darauf als ein Sanitäter! Wenn Kemmerich erst tot ist, ist es zu spät. Deshalb paßt Müller eben jetzt schon auf.

Wir haben den Sinn für andere Zusammenhänge verloren, weil sie künstlich sind. Nur die Tatsachen sind richtig und wichtig für uns. Und gute Stiefel sind selten.

*

Früher war auch das anders. Als wir zum Bezirkskommando gingen, waren wir noch eine Klasse von zwanzig jungen Menschen, die sich, manche zum ersten Male, übermütig gemeinsam rasieren ließ, bevor sie den Kasernenhof betrat. Wir hatten keine festen Pläne für die Zukunft, Gedanken an Karriere und Beruf waren bei den wenigsten praktisch bereits so bestimmt, daß sie eine Daseinsform bedeuten konnten; – dafür jedoch steckten wir voll ungewisser Ideen, die dem Leben und auch dem Kriege in unseren Augen einen idealisierten und fast romantischen Charakter verliehen.

Wir wurden zehn Wochen militärisch ausgebildet und in dieser Zeit entscheidender umgestaltet als in zehn Jahren Schulzeit. Wir lernten, daß ein geputzter Knopf wichtiger ist als vier Bände Schopenhauer. Zuerst erstaunt, dann erbittert und schließlich gleichgültig erkannten wir, daß nicht der Geist ausschlaggebend zu sein schien, sondern die Wichsbürste, nicht der Gedanke, sondern das System, nicht die Freiheit, sondern der Drill. Mit Begeisterung und gutem Willen waren wir Soldaten geworden; aber man tat alles, um uns das auszutreiben. Nach drei Wochen war es uns nicht mehr unfaßlich, daß ein betreßter Briefträger mehr Macht über uns besaß als früher unsere Eltern, unsere Erzieher und sämtliche Kulturkreise von Plato bis Goethe zusammen. Mit unseren jungen, wachen Augen sahen wir, daß der klassische Vaterlandsbegriff unserer Lehrer sich hier vorläufig realisierte zu einem Aufgeben der Persönlichkeit, wie man es dem geringsten Dienstboten nie zugemutet haben würde. Grüßen, Strammstehen, Parademarsch, Gewehrpräsentieren, Rechtsum, Linksum, Hakkenzusammenschlagen, Schimpfereien und tausend Schikanen: wir hatten uns unsere Aufgabe anders gedacht und fanden, daß wir auf das Heldentum wie Zirkuspferde vorbereitet wurden. Aber wir gewöhnten uns bald daran. Wir begriffen sogar, daß ein Teil dieser Dinge notwendig, ein anderer aber ebenso überflüssig war. Der Soldat hat dafür eine feine Nase.

*

Zu dreien und vieren wurde unsere Klasse über die Korporalschaften verstreut, zusammen mit friesischen Fischern, Bauern, Arbeitern und Handwerkern, mit denen wir uns schnell anfreundeten. Kropp, Müller, Kemmerich und ich kamen zur neunten Korporalschaft, die der Unteroffizier Himmelstoß führte.

Er galt als der schärfste Schinder des Kasernenhofes, und das war sein Stolz. Ein kleiner, untersetzter Kerl, der zwölf Jahre gedient hatte, mit fuchsigem, aufgewirbeltem Schnurrbart, im Zivilberuf Briefträger. Auf Kropp, Tjaden, Westhus und mich hatte er es besonders abgesehen, weil er unsern stillen Trotz spürte.

Ich habe an einem Morgen vierzehnmal sein Bett gebaut. Immer wieder fand er etwas daran auszusetzen und riß es herunter. Ich habe in zwanzigstündiger Arbeit – mit Pausen natürlich – ein Paar uralte, steinharte Stiefel so butterweich geschmiert, daß selbst Himmelstoß nichts mehr daran auszusetzen fand; – ich habe auf seinen Befehl mit einer Zahnbürste die Korporalschaftsstube sauber geschrubbt; – Kropp und ich haben uns mit einer Handbürste und einem Fegeblech an den Auftrag gemacht, den Kaser-

nenhof vom Schnee reinzufegen, und wir hätten durchge-
halten bis zum Erfrieren, wenn nicht zufällig ein Leutnant
aufgetaucht wäre, der uns fortschickte und Himmelstoß
mächtig anschnauzte. Die Folge war leider nur, daß Himmelstoß um so wütender auf uns wurde. Ich habe vier Wochen hintereinander jeden Sonntag Wache geschoben und
ebensolange Stubendienst gemacht; – ich habe in vollem
Gepäck mit Gewehr auf losem, nassem Sturzacker »Sprung
auf, marsch, marsch« und »Hinlegen« geübt, bis ich ein
Dreckklumpen war und zusammenbrach; – ich habe vier
Stunden später Himmelstoß mein tadellos gereinigtes Zeug
vorgezeigt, allerdings mit blutig geriebenen Händen; – ich
habe mit Kropp, Westhus und Tjaden ohne Handschuhe
bei scharfem Frost eine Viertelstunde »Stillgestanden« geübt, die bloßen Finger am eisigen Gewehrlauf, lauernd um-
schlichen von Himmelstoß, der auf die geringste Bewegung
wartete, um ein Vergehen festzustellen; – ich bin nachts um
zwei Uhr achtmal im Hemd vom obersten Stock der Kaserne heruntergerannt bis auf den Hof, weil meine Unterhose einige Zentimeter über den Rand des Schemels hin-
ausragte, auf dem jeder seine Sachen aufschichten mußte.
Neben mir lief der Unteroffizier vom Dienst, Himmelstoß,
und trat mir auf die Zehen; – ich habe beim Bajonettieren
ständig mit Himmelstoß fechten müssen, wobei ich ein
schweres Eisengestell und er ein handliches Holzgewehr
hatte, so daß er mir bequem die Arme braun und blau schlagen konnte; allerdings geriet ich dabei einmal so in Wut,
daß ich ihn blindlings überrannte und ihm einen derartigen
Stoß vor den Magen gab, daß er umfiel. Als er sich be-
schweren wollte, lachte ihn der Kompanieführer aus und

sagte, er solle doch aufpassen; er kannte seinen Himmelstoß und schien ihm den Reinfall zu gönnen. – Ich habe mich zu einem perfekten Kletterer auf die Spinde entwickelt; – ich suchte allmählich auch im Kniebeugen meinen Meister; – wir haben gezittert, wenn wir nur seine Stimme hörten, aber kleingekriegt hat uns dieses wildgewordene Postpferd nicht.

Als Kropp und ich im Barackenlager sonntags an einer Stange die Latrineneimer über den Hof schleppten und Himmelstoß, blitzblank geschniegelt, zum Ausgehen bereit, gerade vorbeikam, sich vor uns hinstellte und fragte, wie uns die Arbeit gefiele, markierten wir trotz allem ein Stolpern und gossen ihm den Eimer über die Beine. Er tobte, aber das Maß war voll.

»Das setzt Festung«, schrie er.

Kropp hatte genug. »Vorher aber eine Untersuchung, und da werden wir auspacken«, sagte er.

»Wie reden Sie mit einem Unteroffizier!« brüllte Himmelstoß, »sind Sie verrückt geworden? Warten Sie, bis Sie gefragt werden! Was wollen Sie tun?«

»Über Herrn Unteroffizier auspacken!« sagte Kropp und nahm die Finger an die Hosennaht.

Himmelstoß merkte nun doch, was los war, und schob ohne ein Wort ab. Bevor er verschwand, krakehlte er zwar noch: »Das werde ich euch eintränken«, – aber es war vorbei mit seiner Macht. Er versuchte es noch einmal in den Sturzäckern mit »Hinlegen« und »Sprung auf, marsch, marsch«. Wir befolgten zwar jeden Befehl; denn Befehl ist Befehl, er muß ausgeführt werden. Aber wir führten ihn so langsam aus, daß Himmelstoß in Verzweiflung geriet.

Gemütlich gingen wir auf die Knie, dann auf die Arme und so fort; inzwischen hatte er schon wütend ein anderes Kommando gegeben. Bevor wir schwitzten, war er heiser. Er ließ uns dann in Ruhe. Zwar bezeichnete er uns immer noch als Schweinehunde. Aber es lag Achtung darin.

Es gab auch viele anständige Korporale, die vernünftiger waren; die anständigen waren sogar in der Überzahl. Aber vor allem wollte jeder seinen guten Posten hier in der Heimat so lange behalten wie möglich, und das konnte er nur, wenn er stramm mit den Rekruten war.

Uns ist dabei wohl jeder Kasernenhofschliff zuteil geworden, der möglich war, und oft haben wir vor Wut geheult. Manche von uns sind auch krank dadurch geworden. Wolf ist sogar an Lungenentzündung gestorben. Aber wir wären uns lächerlich vorgekommen, wenn wir klein beigegeben hätten. Wir wurden hart, mißtrauisch, mitleidlos, rachsüchtig, roh – und das war gut; denn diese Eigenschaften fehlten uns gerade. Hätte man uns ohne diese Ausbildungszeit in den Schützengraben geschickt, dann wären wohl die meisten von uns verrückt geworden. So aber waren wir vorbereitet für das, was uns erwartete.

Wir zerbrachen nicht, wir paßten uns an; unsere zwanzig Jahre, die uns manches andere so schwer machten, halfen uns dabei. Das Wichtigste aber war, daß in uns ein festes, praktisches Zusammengehörigkeitsgefühl erwachte, das sich im Felde dann zum Besten steigerte, was der Krieg hervorbrachte: zur Kameradschaft!

*

Ich sitze am Bette Kemmerichs. Er verfällt mehr und mehr. Um uns ist viel Radau. Ein Lazarettzug ist angekommen, und die transportfähigen Verwundeten werden ausgesucht. An Kemmerichs Bett geht der Arzt vorbei, er sieht ihn nicht einmal an.

»Das nächstemal, Franz«, sage ich.

Er hebt sich in den Kissen auf die Ellbogen. »Sie haben mich amputiert.«

Das weiß er also doch jetzt. Ich nicke und antworte: »Sei froh, daß du so weggekommen bist.«

Er schweigt.

Ich rede weiter: »Es konnten auch beide Beine sein, Franz. Wegeler hat den rechten Arm verloren. Das ist viel schlimmer. Du kommst ja auch nach Hause.«

Er sieht mich an. »Meinst du?«

»Natürlich.«

Er wiederholt: »Meinst du?«

»Sicher, Franz. Du mußt dich nur erst von der Operation erholen.«

Er winkt mir, heranzurücken. Ich beuge mich über ihn, und er flüstert: »Ich glaube es nicht.«

»Rede keinen Quatsch, Franz, in ein paar Tagen wirst du es selbst einsehen. Was ist das schon groß: ein amputiertes Bein; hier werden ganz andere Sachen wieder zurechtgepflastert.«

Er hebt eine Hand hoch. »Sieh dir das mal an, diese Finger.«

»Das kommt von der Operation. Futtere nur ordentlich, dann wirst du schon aufholen. Habt ihr anständige Verpflegung?«

Er zeigt auf eine Schüssel, die noch halb voll ist. Ich gerate in Erregung. »Franz, du mußt essen. Essen ist die Hauptsache. Das ist doch ganz gut hier.«

Er wehrt ab. Nach einer Pause sagt er langsam: »Ich wollte mal Oberförster werden.«

»Das kannst du noch immer«, tröste ich. »Es gibt jetzt großartige Prothesen, du merkst damit gar nicht, daß dir etwas fehlt. Sie werden an die Muskeln angeschlossen. Bei Handprothesen kann man die Finger bewegen und arbeiten, sogar schreiben. Und außerdem wird da immer noch mehr erfunden werden.«

Er liegt eine Zeitlang still. Dann sagt er: »Du kannst meine Schnürschuhe für Müller mitnehmen.«

Ich nicke und denke nach, was ich ihm Aufmunterndes sagen kann. Seine Lippen sind weggewischt, sein Mund ist größer geworden, die Zähne stechen hervor, als wären sie aus Kreide. Das Fleisch zerschmilzt, die Stirn wölbt sich stärker, die Backenknochen stehen vor. Das Skelett arbeitet sich durch. Die Augen versinken schon. In ein paar Stunden wird es vorbei sein.

Er ist nicht der erste, den ich so sehe; aber wir sind zusammen aufgewachsen, da ist es doch immer etwas anders. Ich habe die Aufsätze von ihm abgeschrieben. Er trug in der Schule meistens einen braunen Anzug mit Gürtel, der an den Ärmeln blankgewetzt war. Auch war er der einzige von uns, der die große Riesenwelle am Reck konnte. Das Haar flog ihm wie Seide ins Gesicht, wenn er sie machte. Kantorek war deshalb stolz auf ihn. Aber Zigaretten konnte er nicht vertragen. Seine Haut war sehr weiß, er hatte etwas von einem Mädchen.

Ich blicke auf meine Stiefel. Sie sind groß und klobig, die Hose ist hineingeschoben; wenn man aufsteht, sieht man dick und kräftig in diesen breiten Röhren aus. Aber wenn wir baden gehen und uns ausziehen, haben wir plötzlich wieder schmale Beine und schmale Schultern. Wir sind dann keine Soldaten mehr, sondern beinahe Knaben, man würde auch nicht glauben, daß wir Tornister schleppen können. Es ist ein sonderbarer Augenblick, wenn wir nackt sind; dann sind wir Zivilisten und fühlen uns auch beinahe so.

Franz Kemmerich sah beim Baden klein und schmal aus wie ein Kind. Da liegt er nun, weshalb nur? Man sollte die ganze Welt an diesem Bette vorbeiführen und sagen: Das ist Franz Kemmerich, neunzehneinhalb Jahre alt, er will nicht sterben. Laßt ihn nicht sterben!

Meine Gedanken gehen durcheinander. Diese Luft von Karbol und Brand verschleimt die Lungen, sie ist ein träger Brei, der erstickt.

Es wird dunkel. Kemmerichs Gesicht verbleicht, es hebt sich von den Kissen und ist so blaß, daß es schimmert. Der Mund bewegt sich leise. Ich nähere mich ihm. Er flüstert: »Wenn ihr meine Uhr findet, schickt sie nach Hause.«

Ich widerspreche nicht. Es hat keinen Zweck mehr. Man kann ihn nicht überzeugen. Mir ist elend vor Hilflosigkeit. Diese Stirn mit den eingesunkenen Schläfen, dieser Mund, der nur noch Gebiß ist, diese spitze Nase! Und die dicke weinende Frau zu Hause, an die ich schreiben muß. Wenn ich nur den Brief schon weg hätte.

Lazarettgehilfen gehen herum mit Flaschen und Eimern. Einer kommt heran, wirft Kemmerich einen forschenden

Blick zu und entfernt sich wieder. Man sieht, daß er wartet, wahrscheinlich braucht er das Bett.

Ich rücke nahe an Franz heran und spreche, als könnte ihn das retten: »Vielleicht kommst du in das Erholungsheim am Klosterberg, Franz, zwischen den Villen. Du kannst dann vom Fenster aus über die Felder sehen bis zu den beiden Bäumen am Horizont. Es ist jetzt die schönste Zeit, wenn das Korn reift, abends in der Sonne sehen die Felder dann aus wie Perlmutter. Und die Pappelallee am Klosterbach, in dem wir Stichlinge gefangen haben! Du kannst dir dann wieder ein Aquarium anlegen und Fische züchten, du kannst ausgehen und brauchst niemand zu fragen, und Klavierspielen kannst du sogar auch, wenn du willst.«

Ich beuge mich über sein Gesicht, das im Schatten liegt. Er atmet noch, leise. Sein Gesicht ist naß, er weint. Da habe ich ja schönen Unsinn angerichtet mit meinem dummen Gerede!

»Aber Franz« – ich umfasse seine Schulter und lege mein Gesicht an seins. »Willst du jetzt schlafen?«

Er antwortet nicht. Die Tränen laufen ihm die Backen herunter. Ich möchte sie abwischen, aber mein Taschentuch ist zu schmutzig.

Eine Stunde vergeht. Ich sitze gespannt und beobachte jede seiner Mienen, ob er vielleicht noch etwas sagen möchte. Wenn er doch den Mund auftun und schreien wollte! Aber er weint nur, den Kopf zur Seite gewandt. Er spricht nicht von seiner Mutter und seinen Geschwistern, er sagt nichts, es liegt wohl schon hinter ihm; – er ist jetzt allein mit seinem kleinen neunzehnjährigen Leben und weint, weil es ihn verläßt.

Dies ist der fassungsloseste und schwerste Abschied, den ich je gesehen habe, obwohl es bei Tiedjen auch schlimm war, der nach seiner Mutter brüllte, ein bärenstarker Kerl, und der den Arzt mit aufgerissenen Augen angstvoll mit einem Seitengewehr von seinem Bett fernhielt, bis er zusammenklappte.

Plötzlich stöhnt Kemmerich und fängt an zu röcheln.

Ich springe auf, stolpere hinaus und frage: »Wo ist der Arzt? Wo ist der Arzt?«

Als ich den weißen Kittel sehe, halte ich ihn fest. »Kommen Sie rasch, Franz Kemmerich stirbt sonst.«

Er macht sich los und fragt einen dabeistehenden Lazarettgehilfen: »Was soll das heißen?«

Der sagt: »Bett 26, Oberschenkel amputiert.«

Er schnauzt: »Wie soll ich davon etwas wissen, ich habe heute fünf Beine amputiert«, schiebt mich weg, sagt dem Lazarettgehilfen: »Sehen Sie nach«, und rennt zum Operationssaal.

Ich bebe vor Wut, als ich mit dem Sanitäter gehe. Der Mann sieht mich an und sagt: »Eine Operation nach der andern, seit morgens fünf Uhr – doll, sage ich dir, heute allein wieder sechzehn Abgänge – deiner ist der siebzehnte. Zwanzig werden sicher noch voll –«

Mir wird schwach, ich kann plötzlich nicht mehr. Ich will nicht mehr schimpfen, es ist sinnlos, ich möchte mich fallen lassen und nie wieder aufstehen.

Wir sind am Bette Kemmerichs. Er ist tot. Das Gesicht ist noch naß von den Tränen. Die Augen stehen halb offen, sie sind gelb wie alte Hornknöpfe. –

Der Sanitäter stößt mich in die Rippen.

»Nimmst du seine Sachen mit?«

Ich nicke.

Er fährt fort: »Wir müssen ihn gleich wegbringen, wir brauchen das Bett. Draußen liegen sie schon auf dem Flur.«

Ich nehme die Sachen und knöpfe Kemmerich die Erkennungsmarke ab. Der Sanitäter fragt nach dem Soldbuch. Es ist nicht da. Ich sage, daß es wohl auf der Schreibstube sein müsse, und gehe. Hinter mir zerren sie Franz schon auf eine Zeltbahn.

Vor der Tür fühle ich wie eine Erlösung das Dunkel und den Wind. Ich atme, so sehr ich es vermag, und spüre die Luft warm und weich wie nie in meinem Gesicht. Gedanken an Mädchen, an blühende Wiesen, an weiße Wolken fliegen mir plötzlich durch den Kopf. Meine Füße bewegen sich in den Stiefeln vorwärts, ich gehe schneller, ich laufe. Soldaten kommen an mir vorüber, ihre Gespräche erregen mich, ohne daß ich sie verstehe. Die Erde ist von Kräften durchflossen, die durch meine Fußsohlen in mich überströmen. Die Nacht knistert elektrisch, die Front gewittert dumpf wie ein Trommelkonzert. Meine Glieder bewegen sich geschmeidig, ich fühle meine Gelenke stark, ich schnaufe und schnaube. Die Nacht lebt, ich lebe. Ich spüre Hunger, einen größeren als nur vom Magen. –

Müller steht vor der Baracke und erwartet mich. Ich gebe ihm die Schuhe. Wir gehen hinein, und er probiert sie an. Sie passen genau. –

Er kramt in seinen Vorräten und bietet mir ein schönes Stück Zervelatwurst an. Dazu gibt es heißen Tee mit Rum.

3

Wir bekommen Ersatz. Die Lücken werden ausgefüllt, und die Strohsäcke in den Baracken sind bald belegt. Zum Teil sind es alte Leute, aber auch fünfundzwanzig Mann junger Ersatz aus den Feldrekrutendepots werden uns überwiesen. Sie sind fast ein Jahr jünger als wir. Kropp stößt mich an: »Hast du die Kinder gesehen?«

Ich nicke. Wir werfen uns in die Brust, lassen uns auf dem Hof rasieren, stecken die Hände in die Hosentaschen, sehen uns die Rekruten an und fühlen uns als steinaltes Militär.

Katczinsky schließt sich uns an. Wir wandern durch die Pferdeställe und kommen zu den Ersatzleuten, die gerade Gasmasken und Kaffee empfangen. Kat fragt einen der jüngsten: »Habt wohl lange nichts Vernünftiges zu futtern gekriegt, was?«

Der verzieht das Gesicht. »Morgens Steckrübenbrot – mittags Steckrübengemüse, abends Steckrübenkoteletts und Steckrübensalat.«

Katczinsky pfeift fachmännisch. »Brot aus Steckrüben? Da habt ihr Glück gehabt, sie machen es auch schon aus Sägespänen. Aber was meinst du zu weißen Bohnen, willst du einen Schlag haben?«

Der Junge wird rot. »Verkohlen brauchst du mich nicht.«
Katczinsky antwortet nichts als: »Nimm dein Kochgeschirr.«

Wir folgen neugierig. Er führt uns zu einer Tonne neben seinem Strohsack. Sie ist tatsächlich halb voll weißer Bohnen mit Rindfleisch. Katczinsky steht vor ihr wie ein General und sagt: »Auge auf, Finger lang! Das ist die Parole bei den Preußen.«

Wir sind überrascht. Ich frage: »Meine Fresse, Kat, wie kommst du denn dazu?«

»Die Tomate war froh, als ich ihr's abnahm. Ich habe drei Stück Fallschirmseide dafür gegeben. Na, weiße Bohnen schmecken kalt doch tadellos.«

Er gibt gönnerhaft dem Jungen eine Portion auf und sagt: »Wenn du das nächstemal hier antrittst mit deinem Kochgeschirr, hast du in der linken Hand eine Zigarre oder einen Priem. Verstanden?«

Dann wendet er sich zu uns. »Ihr kriegt natürlich so.«

*

Katczinsky ist nicht zu entbehren, weil er einen sechsten Sinn hat. Es gibt überall solche Leute, aber niemand sieht ihnen von vornherein an, daß es so ist. Jede Kompanie hat einen oder zwei davon. Katczinsky ist der gerissenste, den ich kenne. Von Beruf ist er, glaube ich, Schuster, aber das tut nichts zur Sache, er versteht jedes Handwerk. Es ist gut, mit ihm befreundet zu sein. Wir sind es, Kropp und ich, auch Haie Westhus gehört halb und halb dazu. Er ist allerdings schon mehr ausführendes Organ, denn er arbeitet unter dem Kommando Kats, wenn eine Sache geschmissen wird, zu der man Fäuste braucht. Dafür hat er dann seine Vorteile.

Wir kommen zum Beispiel nachts in einen völlig unbekannten Ort, ein trübseliges Nest, dem man gleich ansieht, daß es ausgepowert ist bis auf die Mauern. Quartier ist eine kleine, dunkle Fabrik, die erst dazu eingerichtet worden ist. Es stehen Betten darin, vielmehr nur Bettstellen, ein paar Holzlatten, die mit Drahtgeflecht bespannt sind.

Drahtgeflecht ist hart. Eine Decke zum Unterlegen haben wir nicht, wir brauchen unsere zum Zudecken. Die Zeltbahn ist zu dünn.

Kat sieht sich die Sache an und sagt zu Haie Westhus: »Komm mal mit.« Sie gehen los, in den völlig unbekannten Ort hinein. Eine halbe Stunde später sind sie wieder da, die Arme hoch voll Stroh. Kat hat einen Pferdestall gefunden und damit das Stroh. Wir könnten jetzt warm schlafen, wenn wir nicht noch einen so entsetzlichen Kohldampf hätten.

Kropp fragt einen Artilleristen, der schon länger in der Gegend ist: »Gibt es hier irgendwo eine Kantine?«

Der lacht: »Hat sich was! Hier ist nichts zu holen. Keine Brotrinde holst du hier.«

»Sind denn keine Einwohner mehr da?«

Er spuckt aus. »Doch, ein paar. Aber die lungern selbst um jeden Küchenkessel herum und betteln.«

Das ist eine böse Sache. Dann müssen wir eben den Schmachtriemen enger schnallen und bis morgen warten, wenn die Furage kommt.

Ich sehe jedoch, wie Kat seine Mütze aufsetzt, und frage:

»Wo willst du hin, Kat?«

»Mal etwas die Lage spannen.« Er schlendert hinaus.

Der Artillerist grinst höhnisch. »Spann man! Verheb dich nicht dabei.«

Enttäuscht legen wir uns hin und überlegen, ob wir die eisernen Portionen anknabbern sollen. Aber es ist uns zu riskant. So versuchen wir ein Auge voll Schlaf zu nehmen.

Kropp bricht eine Zigarette durch und gibt mir die Hälfte. Tjaden erzählt von seinem Nationalgericht, großen Bohnen mit Speck. Er verdammt die Zubereitung ohne Bohnenkraut. Vor allem aber soll man alles durcheinander kochen, um Gottes willen nicht die Kartoffeln, die Bohnen und den Speck getrennt. Jemand knurrte, daß er Tjaden zu Bohnenkraut verarbeiten würde, wenn er nicht sofort still wäre. Darauf wird es ruhig in dem großen Raum. Nur ein paar Kerzen flackern in den Flaschenhälsen, und ab und zu spuckt der Artillerist aus.

Wir duseln ein bißchen, als die Tür aufgeht und Kat erscheint. Ich glaube zu träumen: er hat zwei Brote unter dem Arm und in der Hand einen blutigen Sandsack mit Pferdefleisch.

Dem Artilleristen fällt die Pfeife aus dem Munde. Er betastet das Brot. »Tatsächlich, richtiges Brot, und noch warm.«

Kat redet nicht weiter darüber. Er hat eben Brot, das andere ist egal. Ich bin überzeugt, wenn man ihn in der Wüste aussetzte, würde er in einer Stunde ein Abendessen aus Datteln, Braten und Wein zusammenfinden.

Er sagt kurz zu Haie: »Hack Holz.«

Dann holt er eine Bratpfanne unter seinem Rock hervor und zieht eine Handvoll Salz und sogar eine Scheibe Fett aus der Tasche; – er hat an alles gedacht. Haie macht auf dem Fußboden ein Feuer. Es prasselt durch die kahle Fabrikhalle. Wir klettern aus den Betten.

Der Artillerist schwankt. Er überlegt, ob er loben soll, damit vielleicht auch etwas für ihn abfällt. Aber Katczinsky sieht ihn gar nicht, so sehr ist er Luft für ihn. Da zieht er fluchend ab.

Kat kennt die Art, Pferdefleisch weichzubraten. Es darf nicht gleich in die Pfanne, dann wird es hart. Vorher muß es in wenig Wasser vorgekocht werden. Wir hocken uns mit unsern Messern im Kreis und schlagen uns den Magen voll.

Das ist Kat. Wenn in einem Jahr in einer Gegend nur eine Stunde lang etwas Eßbares aufzutreiben wäre, so würde er genau in dieser Stunde, wie von einer Erleuchtung getrieben, seine Mütze aufsetzen, hinausgehen, geradewegs wie nach einem Kompaß darauf zu, und es finden.

Er findet alles; – wenn es kalt ist, kleine Öfen und Holz, Heu und Stroh, Tische, Stühle – vor allem aber Fressen. Es ist rätselhaft, man sollte glauben, er zaubere es aus der Luft. Seine Glanzleistung waren vier Dosen Hummer. Allerdings hätten wir lieber Schmalz dafür gehabt.

*

Wir haben uns auf der Sonnenseite der Baracken hingehauen. Er riecht nach Teer, Sommer und Schweißfüßen.

Kat sitzt neben mir, denn er unterhält sich gern. Wir haben

heute mittag eine Stunde Ehrenbezeigungen geübt, weil Tjaden einen Major nachlässig gegrüßt hat. Das will Kat nicht aus dem Kopf. Er äußert: »Paß auf, wir verlieren den Krieg, weil wir zu gut grüßen können.«

Kropp storcht näher, barfuß, die Hosen aufgekrempelt. Er legt seine gewaschenen Socken zum Trocknen aufs Gras. Kat sieht in den Himmel, läßt einen kräftigen Laut hören und sagt versonnen dazu: »Jedes Böhnchen gibt ein Tönchen.«

Die beiden fangen an zu disputieren. Gleichzeitig wetten sie um eine Flasche Bier auf einen Fliegerkampf, der sich über uns abspielt.

Kat läßt sich nicht von seiner Meinung abbringen, die er als altes Frontschwein wieder in Reimen von sich gibt: »Gleiche Löhnung, gleiches Essen, wär' der Krieg schon längst vergessen.« –

Kropp dagegen ist ein Denker. Er schlägt vor, eine Kriegserklärung solle eine Art Volksfest werden mit Eintrittskarten und Musik wie bei Stiergefechten. Dann müßten in der Arena die Minister und Generäle der beiden Länder in Badehosen, mit Knüppeln bewaffnet, aufeinander losgehen. Wer übrigbliebe, dessen Land hätte gesiegt. Das wäre einfacher und besser als hier, wo die falschen Leute sich bekämpfen.

Der Vorschlag gefällt. Dann gleitet das Gespräch auf den Kasernendrill über.

Mir fällt dabei ein Bild ein. Glühender Mittag auf dem Kasernenhof. Die Hitze steht über dem Platz. Die Kasernen wirken wie ausgestorben. Alles schläft. Man hört nur Trommler üben, irgendwo haben sie sich aufgestellt und üben, ungeschickt, eintönig, stumpfsinnig. Welch ein Dreiklang: Mittagshitze, Kasernenhof und Trommelüben!

Die Fenster der Kaserne sind leer und dunkel. Aus einigen hängen trocknende Drillichhosen. Man sieht sehnsüchtig hinüber. Die Stuben sind kühl. –

Oh, ihr dunklen, muffigen Korporalschaftsstuben mit den eisernen Bettgestellen, den gewürfelten Betten, den Spindschränken und den Schemeln davor! Selbst ihr könnt das Ziel von Wünschen werden; hier draußen seid ihr sogar ein sagenhafter Abglanz von Heimat, ihr Gelasse voll Dunst von abgestandenen Speisen, Schlaf, Rauch und Kleidern!

Katczinsky beschreibt sie mit Farbenpracht und großer Bewegung. Was würden wir geben, wenn wir zu ihnen zurück könnten! Denn weiter wagen sich unsre Gedanken schon gar nicht –

Ihr Instruktionsstunden in der Morgenfrühe – »Worin zerfällt das Gewehr 98?« – ihr Turnstunden am Nachmittag – »Klavierspieler vortreten. Rechts heraus. Meldet euch in der Küche zum Kartoffelschälen« –

Wir schwelgen in Erinnerungen. Kropp lacht plötzlich und sagt: »In Löhne umsteigen.«

Das war das liebste Spiel unseres Korporals. Löhne ist ein Umsteigebahnhof. Damit unsre Urlauber sich dort nicht verlaufen sollten, übte Himmelstoß das Umsteigen mit uns in der Kasernenstube. Wir sollten lernen, daß man in Löhne durch eine Unterführung zum Anschlußzug gelangte. Die Betten stellten die Unterführung dar, und jeder baute sich links davon auf. Dann kam das Kommando: »In Löhne umsteigen!«, und wie der Blitz kroch alles unter den

Betten hindurch auf die andere Seite. Das haben wir stundenlang geübt. –

Inzwischen ist das deutsche Flugzeug abgeschossen worden. Wie ein Komet stürzt es in einer Rauchfahne abwärts. Kropp hat dadurch eine Flasche Bier verloren und zählt mißmutig sein Geld.

»Der Himmelstoß ist als Briefträger sicher ein bescheidener Mann«, sagte ich, nachdem sich Alberts Enttäuschung gelegt hat, »wie mag es nur kommen, daß er als Unteroffizier ein solcher Schinder ist?«

Die Frage macht Kropp wieder mobil. »Das ist nicht nur Himmelstoß allein, das sind sehr viele. Sowie sie Tressen oder einen Säbel haben, werden sie andere Menschen, als ob sie Beton gefressen hätten.«

»Das macht die Uniform«, vermute ich.

»So ungefähr«, sagt Kat und setzt sich zu einer großen Rede zurecht, »aber der Grund liegt anderswo. Sieh mal, wenn du einen Hund zum Kartoffelfressen abrichtest und du legst ihm dann nachher ein Stück Fleisch hin, so wird er trotzdem danach schnappen, weil das in seiner Natur liegt. Und wenn du einem Menschen ein Stückchen Macht gibst, dann geht es ihm ebenso; er schnappt danach. Das kommt ganz von selber, denn der Mensch ist an und für sich zunächst einmal ein Biest, und dann erst ist vielleicht noch, wie bei einer Schmalzstulle, etwas Anständigkeit draufgeschmiert. Der Kommiß besteht nun darin, daß immer einer über den andern Macht hat. Das Schlimme ist nur, daß jeder viel zuviel Macht hat; ein Unteroffizier kann einen Gemeinen, ein Leutnant einen Unteroffizier, ein Hauptmann einen Leutnant derartig zwiebeln, daß er verrückt wird. Und weil er das weiß, deshalb gewöhnt er es sich gleich schon etwas an. Nimm nur die einfachste Sache: wir kommen vom Exerzierplatz und sind hundemüde. Da wird befohlen: Singen! Na, es wird ein schlapper Gesang, denn jeder ist froh, daß er sein Gewehr noch schleppen kann. Und schon macht die Kompanie kehrt und muß eine Stunde strafexerzieren. Beim Rückmarsch heißt es wieder: ›Singen!‹, und jetzt wird gesungen. Was hat das Ganze für einen Zweck? Der Kompanieführer hat seinen Kopf durchgesetzt, weil er die Macht dazu hat. Niemand wird ihn tadeln, im Gegenteil, er gilt als stramm. Dabei ist so etwas nur eine Kleinigkeit, es gibt doch noch ganz andere Sachen, womit sie einen schinden. Nun frage ich euch: Mag der Mann in Zivil sein, was er will, in welchem Beruf kann er sich so etwas leisten, ohne daß ihm die Schnauze eingeschlagen wird? Das kann er nur beim Kommiß! Seht ihr, und das steigt jedem zu Kopf! Und es steigt ihm umso mehr zu Kopf, je weniger er als Zivilist zu sagen hatte.«

»Es heißt eben, Disziplin muß sein –«, meint Kropp nachlässig.

»Gründe«, knurrt Kat, »haben sie immer. Mag ja auch sein. Aber es darf keine Schikane werden. Und mach du das mal einem Schlosser oder Knecht oder Arbeiter klar, erkläre das mal einem Muskoten, und das sind doch die meisten hier; der sieht nur, daß er geschunden wird und ins Feld kommt, und er weiß ganz genau, was notwendig ist und was nicht. Ich sage euch, daß der einfache Soldat hier vorn so aushält, das ist allerhand! Allerhand ist das!«

Jeder gibt es zu, denn jeder weiß, daß nur im Schützengraben der Drill aufhört, daß er aber wenige Kilometer hinter der Front schon wieder beginnt, und sei es mit dem größten Unsinn, mit Grüßen und Parademarsch. Denn es ist eisernes Gesetz: Der Soldat muß auf jeden Fall beschäftigt werden.

Doch nun erscheint Tjaden, mit roten Flecken im Gesicht. Er ist so aufgeregt, daß er stottert. Strahlend buchstabiert er: »Himmelstoß ist unterwegs nach hier. Er kommt an die Front.«

*

Tjaden hat eine Hauptwut auf Himmelstoß, weil der ihn im Barackenlager auf seine Weise erzogen hat. Tjaden ist Bettnässer, nachts beim Schlafen passiert es ihm eben. Himmelstoß behauptet steif und fest, es sei nur Faulheit, und er fand ein seiner würdiges Mittel, um Tjaden zu heilen. Er trieb in der benachbarten Baracke einen zweiten Bettnässer auf, der Kindervater hieß. Den quartierte er mit Tjaden zusammen. In den Baracken standen die typischen Bettgestelle, zwei Betten übereinander, die Bettböden aus Draht. Himmelstoß legte beide nun so zusammen, daß der eine das obere, der andere das darunter befindliche Bett bekam. Der untere war dadurch natürlich scheußlich daran. Dafür wurde am nächsten Abend gewechselt, der untere kam nach oben, damit er Vergeltung hatte. Das war Himmelstoß' Selbsterziehung.

Der Einfall war gemein, aber in der Idee gut. Leider nutzte er nichts, weil die Voraussetzung nicht stimmte: es war keine Faulheit bei den beiden. Das konnte jeder merken, der ihre fahle Haut ansah. Die Sache endete damit, daß immer einer von beiden auf dem Fußboden schlief. Er hätte sich leicht dabei erkälten können. –

Haie hat sich inzwischen auch neben uns niedergelassen. Er blinzelt mir zu und reibt andächtig seine Tatze. Wir haben zusammen den schönsten Tag unseres Kommißlebens erlebt. Das war der Abend, bevor wir ins Feld fuhren. Wir waren einem der Regimenter mit der hohen Hausnummer zugeteilt, vorher aber zur Einkleidung in die Garnison zurückbefördert worden, allerdings nicht zum Rekrutendepot, sondern in eine andere Kaserne. Am nächsten Morgen früh sollten wir abfahren. Abends machten wir uns auf, um mit Himmelstoß abzurechnen. Das hatten wir uns seit Wochen geschworen. Kropp war sogar so weit gegangen, daß er sich vorgenommen hatte, im Frieden das Postfach einzuschlagen, um später, wenn Himmelstoß wieder Briefträger war, sein Vorgesetzter zu werden. Er schwelgte in Bildern, wie er ihn schleifen würde. Denn das war es gerade, weshalb er uns nicht kleinkriegen konnte; wir rechneten stets damit, daß wir ihn schon einmal schnappen würden, spätestens am Kriegsende.

Einstweilen wollten wir ihn gründlich verhauen. Was konnte uns schon passieren, wenn er uns nicht erkannte und wir ohnehin morgen früh abfuhren.

Wir wußten, in welcher Kneipe er jeden Abend saß. Wenn er von dort zur Kaserne ging, mußte er durch eine dunkle, unbebaute Straße. Dort lauerten wir ihm hinter einem Steinhaufen auf. Ich hatte einen Bettüberzug bei mir. Wir zitterten vor Erwartung, ob er auch allein sein würde. Endlich hörten wir seinen Schritt, den kannten wir genau, wir hatten ihn oft genug morgens gehört, wenn die Tür aufflog und »Aufstehen!« gebrüllt wurde.

»Allein?« flüsterte Kropp.

»Allein!« – Ich schlich mit Tjaden um den Steinhaufen herum.

Da blitzte schon sein Koppelschloß. Himmelstoß schien etwas angeheitert zu sein; er sang. Ahnungslos ging er vorüber.

Wir faßten das Bettuch, machten einen leisen Satz, stülpten es ihm von hinten über den Kopf, rissen es nach unten, so daß er wie in einem weißen Sack dastand und die Arme nicht heben konnte. Das Singen erstarb.

Im nächsten Moment war Haie Westhus heran. Mit ausgebreiteten Armen warf er uns zurück, um nur ja der erste zu sein. Er stellte sich genußreich in Positur, hob den Arm wie einen Signalmast, die Hand wie eine Kohlenschaufel und knallte einen Schlag auf den weißen Sack, der einen Ochsen hätte töten können.

Himmelstoß überschlug sich, landete fünf Meter weiter und fing an zu brüllen. Auch dafür hatten wir gesorgt, denn wir hatten ein Kissen bei uns. Haie hockte sich hin, legte das Kissen auf die Knie, packte Himmelstoß da, wo der Kopf war, und drückte ihn auf das Kissen. Sofort wurde er im Ton gedämpfter. Haie ließ ihn ab und zu mal Luft schnappen, dann kam aus dem Gurgeln ein prachtvoller heller Schrei, der gleich wieder zart wurde.

Tjaden knöpfte jetzt Himmelstoß die Hosenträger ab und zog ihm die Hose herunter. Die Klopfpeitsche hielt er dabei mit den Zähnen fest. Dann erhob er sich und begann sich zu bewegen.

Es war ein wunderbares Bild: Himmelstoß auf der Erde, über ihn gebeugt, seinen Kopf auf den Knien, Haie mit teuflisch grinsendem Gesicht und vor Lust offenem Maul, dann die zuckende, gestreifte Unterhose mit den X-Beinen, die in der heruntergeschobenen Hose bei jedem Schlag die originellsten Bewegungen machten, und darüber wie ein Holzhacker der unermüdliche Tjaden. Wir mußten ihn schließlich geradezu wegreißen, um auch noch an die Reihe zu kommen.

Endlich stellte Haie Himmelstoß wieder auf die Beine und gab als Schluß eine Privatvorstellung. Er schien Sterne pflücken zu wollen, so holte seine Rechte aus zu einer Backpfeife. Himmelstoß kippte um. Haie hob ihn wieder auf, stellte ihn sich parat und langte ihm ein zweites, erstklassig gezieltes Ding mit der linken Hand. Himmelstoß heulte und flüchtete auf allen vieren. Sein gestreifter Briefträgerhintern leuchtete im Mond.

Wir verschwanden im Galopp.

Haie sah sich noch einmal um und sagte ingrimmig, gesättigt und etwas rätselhaft: »Rache ist Blutwurst.« –

Eigentlich konnte Himmelstoß froh sein; denn sein Wort, daß immer einer den andern erziehen müsse, hatte an ihm selbst Früchte getragen. Wir waren gelehrige Schüler seiner Methoden geworden.

Er hat nie herausgekriegt, wem er die Sache verdankte. Immerhin gewann er dabei ein Bettuch; denn als wir einige Stunden später noch einmal nachsahen, war es nicht mehr zu finden.

Dieser Abend war der Grund, daß wir am nächsten Morgen einigermaßen gefaßt abfuhren. Ein wehender Vollbart bezeichnete uns deshalb ganz gerührt als Heldenjugend.

4

Wir müssen nach vorn zum Schanzen. Beim Dunkelwerden rollen die Lastwagen an. Wir klettern hinauf. Es ist ein warmer Abend, und die Dämmerung erscheint uns wie ein Tuch, unter dessen Schutz wir uns wohl fühlen. Sie verbindet uns; sogar der geizige Tjaden schenkt mir eine Zigarette und gibt mir Feuer.

Wir stehen nebeneinander, dicht an dicht, sitzen kann niemand. Das sind wir auch nicht gewöhnt. Müller ist endlich mal guter Laune; er trägt seine neuen Stiefel.

Die Motoren brummen an, die Wagen klappern und rasseln. Die Straßen sind ausgefahren und voller Löcher. Es darf kein Licht gemacht werden, deshalb rumpeln wir hinein, daß wir fast aus dem Wagen purzeln. Das beunruhigt uns nicht weiter. Was kann schon passieren; ein gebrochener Arm ist besser als ein Loch im Bauch, und mancher wünscht sich geradezu eine solch gute Gelegenheit, nach Hause zu kommen.

Neben uns fahren in langer Reihe die Munitionskolonnen. Sie haben es eilig, überholen uns fortwährend. Wir rufen ihnen Witze zu, und sie antworten.

Eine Mauer wird sichtbar, sie gehört zu einem Hause, das abseits der Straße liegt. Ich spitze plötzlich die Ohren. Täusche ich mich? Wieder höre ich deutlich Gänsegeschnatter. Ein Blick zu Katczinsky – ein Blick von ihm zurück; wir verstehen uns.

»Kat, ich höre da einen Kochgeschirraspiranten –«

Er nickt. »Wird gemacht, wenn wir zurück sind. Ich weiß hier Bescheid.«

Natürlich weiß Kat Bescheid. Er kennt bestimmt jedes Gänsebein in zwanzig Kilometer Umkreis.

Die Wagen erreichen das Gebiet der Artillerie. Die Geschützstände sind gegen Fliegersicht mit Büschen verkleidet, wie zu einer Art militärischem Laubhüttenfest. Diese Lauben sähen lustig und friedlich aus, wenn ihre Insassen keine Kanonen wären.

Die Luft wird diesig von Geschützrauch und Nebel. Man schmeckt den Pulverqualm bitter auf der Zunge. Die Abschüsse krachen, daß unser Wagen bebt, das Echo rollt tosend hinterher, alles schwankt. Unsere Gesichter verändern sich unmerklich. Wir brauchen zwar nicht in die Gräben, sondern nur zum Schanzen, aber in jedem Gesicht steht jetzt: hier ist die Front, wir sind in ihrem Bereich.

Es ist das noch keine Angst. Wer so oft nach vorn gefahren ist wie wir, der wird dickfellig. Nur die jungen Rekruten sind aufgeregt. Kat belehrt sie: »Das war ein 30,5. Ihr hört es am Abschuß; – gleich kommt der Einschlag.«

Aber der dumpfe Hall der Einschläge dringt nicht herüber. Er ertrinkt im Gemurmel der Front. Kat horcht hinaus: »Die Nacht gibt es Kattun.«

Wir horchen alle. Die Front ist unruhig. Kropp sagt:

»Die Tommys schießen schon.«

Die Abschüsse sind deutlich zu hören. Es sind die englischen Batterien, rechts von unserm Abschnitt. Sie beginnen eine Stunde zu früh. Bei uns fingen sie immer erst Punkt zehn Uhr an.

»Was fällt denn denen ein«, ruft Müller, »ihre Uhren gehen wohl vor.«

»Es gibt Kattun, sag ich euch, ich spüre es in den Knochen.« Kat zieht die Schultern hoch.

Neben uns dröhnen drei Abschüsse. Der Feuerstrahl schießt schräg in den Nebel, die Geschütze brummen und rumoren. Wir frösteln und sind froh, daß wir morgen früh wieder in den Baracken sein werden.

Unsere Gesichter sind nicht blasser und nicht röter als sonst; sie sind auch nicht gespannter oder schlaffer, und doch sind sie anders. Wir fühlen, daß in unserm Blut ein Kontakt angeknipst ist. Das sind keine Redensarten; es ist Tatsache. Die Front ist es, das Bewußtsein der Front, das diesen Kontakt auslöst. Im Augenblick, wo die ersten Granaten pfeifen, wo die Luft unter den Abschüssen zerreißt, ist plötzlich in unsern Adern, unsern Händen, unsern Augen ein geducktes Warten, ein Lauern, ein stärkeres Wachsein, eine sonderbare Geschmeidigkeit der Sinne. Der Körper ist mit einem Schlage in voller Bereitschaft.

Oft ist es mir, als wäre es die erschütterte, vibrierende Luft, die mit lautlosem Schwingen auf uns überspringt; oder als wäre es die Front selbst, von der eine Elektrizität ausstrahlt, die unbekannte Nervenspitzen mobilisiert.

Jedesmal ist es dasselbe: wir fahren ab und sind mürrische oder gutgelaunte Soldaten; – dann kommen die ersten Geschützstände, und jedes Wort unserer Gespräche hat einen veränderten Klang. –

Wenn Kat vor den Baracken steht und sagt: »Es gibt Kattun –«, so ist das eben seine Meinung, fertig; – wenn er es aber hier sagt, so hat der Satz eine Schärfe wie ein Bajonett nachts im Mond, er schneidet glatt durch die Gedanken, er ist näher und spricht zu diesem Unbewußten, das in uns aufgewacht ist, mit einer dunklen Bedeutung, »es gibt Kattun« –. Vielleicht ist es unser innerstes und geheimstes Leben, das erzittert und sich zur Abwehr erhebt.

*

Für mich ist die Front ein unheimlicher Strudel. Wenn man noch weit entfernt von seinem Zentrum im ruhigen Wasser ist, fühlt man schon die Saugkraft, die einen an sich zieht, langsam, unentrinnbar, ohne viel Widerstand.

Aus der Erde, aus der Luft aber strömen uns Abwehrkräfte zu, – am meisten von der Erde. Für niemand ist die Erde so viel wie für den Soldaten. Wenn er sich an sie preßt, lange, heftig, wenn er sich tief mit dem Gesicht und den Gliedern in sie hineinwühlt in der Todesangst des Feuers, dann ist sie sein einziger Freund, sein Bruder, seine Mutter, er stöhnt seine Furcht und seine Schreie in ihr Schweigen und ihre Geborgenheit, sie nimmt sie auf und entläßt ihn wieder zu neuen zehn Sekunden Lauf und Leben, faßt ihn wieder, und manchmal für immer.

Erde – Erde – Erde –!

Erde, mit deinen Bodenfalten und Löchern und Vertiefungen, in die man sich hineinwerfen, hineinkauern kann! Erde, du gabst uns im Krampf des Grauens, im Aufspritzen der Vernichtung, im Todesbrüllen der Explosionen die ungeheure Widerwelle gewonnenen Lebens! Der irre Sturm fast zerfetzten Daseins floß im Rückstrom von dir durch unsre Hände, so daß wir die geretteten in dich gruben und im stummen Angstglück der überstandenen Minute mit unseren Lippen in dich hineinbissen! –

Wir schnellen mit einem Ruck in einem Teil unseres Seins beim ersten Dröhnen der Granaten um Tausende von Jahren zurück. Es ist der Instinkt des Tieres, der in uns erwacht, der uns leitet und beschützt. Er ist nicht bewußt, er ist viel schneller, viel sicherer, viel unfehlbarer als das Bewußtsein. Man kann es nicht erklären. Man geht und denkt an nichts – plötzlich liegt man in einer Bodenmulde, und über einen spritzen die Splitter hinweg; – aber man kann sich nicht entsinnen, die Granate kommen gehört oder den Gedanken gehabt zu haben, sich hinzulegen. Hätte man sich darauf verlassen sollen, man wäre bereits ein Haufen verstreutes Fleisch. Es ist das andere gewesen, diese hellsichtige Witterung in uns, die uns niedergerissen und gerettet hat, ohne daß man weiß, wie. Wenn sie nicht wäre, gäbe es von Flandern bis zu den Vogesen schon längst keine Menschen mehr.

Wir fahren ab als mürrische oder gutgelaunte Soldaten, – wir kommen in die Zone, wo die Front beginnt, und sind Menschentiere geworden.

*

Ein dürftiger Wald nimmt uns auf. Wir passieren die Gulaschkanonen. Hinter dem Walde steigen wir ab. Die Wagen fahren zurück. Sie sollen uns morgens vor dem Hellwerden wieder abholen.

Nebel und Geschützrauch stehen in Brusthöhe über den Wiesen. Der Mond scheint darauf. Auf der Straße ziehen Truppen. Die Stahlhelme schimmern mit matten Reflexen im Mondlicht. Die Köpfe und die Gewehre ragen aus dem weißen Nebel, nickende Köpfe, schwankende Gewehrläufe.

Weiter vorn hört der Nebel auf. Die Köpfe werden hier zu Gestalten; – Röcke, Hosen und Stiefel kommen aus dem Nebel wie aus einem Milchteich. Sie formieren sich zur Kolonne. Die Kolonne marschiert, geradeaus, die Gestalten schließen sich zu einem Keil, man erkennt die einzelnen nicht mehr, nur ein dunkler Keil schiebt sich nach vorn, sonderbar ergänzt aus den im Nebelteich heranschwimmenden Köpfen und Gewehren. Eine Kolonne – keine Menschen.

Auf einer Querstraße fahren leichte Geschütze und Munitionswagen heran. Die Pferde haben glänzende Rücken im Mondschein, ihre Bewegungen sind schön, sie werfen die Köpfe, man sieht die Augen blitzen. Die Geschütze und Wagen gleiten vor dem verschwimmenden Hintergrund der Mondlandschaft vorüber, die Reiter mit ihren Stahlhelmen sehen aus wie Ritter einer vergangenen Zeit, es ist irgendwie schön und ergreifend.

Wir streben dem Pionierpark zu. Ein Teil von uns ladet sich gebogene, spitze Eisenstäbe auf die Schultern, der andere steckt glatte Eisenstöcke durch Drahtrollen und zieht damit ab. Die Lasten sind unbequem und schwer.

Das Terrain wird zerrissener. Von vorn kommen Meldungen durch: »Achtung, links tiefer Granattrichter« – »Vorsicht, Graben« –

Unsere Augen sind angespannt, unsere Füße und Stöcke fühlen vor, ehe sie die Last des Körpers empfangen. Mit einmal hält der Zug; – man prallt mit dem Gesicht gegen die Drahtrolle des Vordermannes und schimpft.

Einige zerschossene Wagen sind im Wege. Ein neuer Befehl. »Zigaretten und Pfeifen aus.« – Wir sind dicht an den Gräben.

Es ist inzwischen ganz dunkel geworden. Wir umgehen ein Wäldchen und haben dann den Frontabschnitt vor uns.

Eine ungewisse, rötliche Helle steht am Horizont von einem Ende zum andern. Sie ist in ständiger Bewegung, durchzuckt vom Mündungsfeuer der Batterien. Leuchtkugeln steigen darüber hoch, silberne und rote Bälle, die zerplatzen und in weißen, grünen und roten Sternen niederregnen. Französische Raketen schießen auf, die in der Luft einen Seidenschirm entfalten und ganz langsam niederschweben. Sie erleuchten alles taghell, bis zu uns dringt ihr Schein, wir sehen unsere Schatten scharf am Boden. Minutenlang schweben sie, ehe sie ausgebrannt sind. Sofort steigen neue hoch, überall, und dazwischen wieder die grünen, roten und blauen.

»Schlamassel«, sagt Kat.

Das Gewitter der Geschütze verstärkt sich zu einem einzigen dumpfen Dröhnen und zerfällt dann wieder in Gruppeneinschläge. Die trockenen Salven der Maschinengewehre knarren. Über uns ist die Luft erfüllt von unsichtbarem Jagen, Heulen, Pfeifen und Zischen. Es sind kleinere Geschosse; – dazwischen orgeln aber auch die großen Kohlenkästen, die ganz schweren Brocken durch die Nacht und landen weit hinter uns. Sie haben einen röhrenden, heiseren, entfernten Ruf, wie Hirsche in der Brunft, und ziehen hoch über dem Geheul und Gepfeife der kleineren Geschosse ihre Bahn.

Die Scheinwerfer beginnen den schwarzen Himmel abzusuchen. Sie rutschen darüber hin wie riesige, am Ende dünner werdende Lineale. Einer steht still und zittert nur wenig. Sofort ist ein zweiter bei ihm, sie kreuzen sich, ein schwarzes Insekt ist zwischen ihnen und versucht zu entkommen: der Flieger. Er wird unsicher, geblendet und taumelt.

*

Wir rammen die Eisenpfähle in regelmäßigen Abständen fest. Immer zwei Mann halten eine Rolle, die andern spulen den Stacheldraht ab. Es ist der ekelhafte Draht mit den dichtstehenden, langen Stacheln. Ich bin das Abrollen nicht mehr gewöhnt und reiße mir die Hand auf.

Nach einigen Stunden sind wir fertig. Aber wir haben noch Zeit, bis die Lastwagen kommen. Die meisten von uns legen sich hin und schlafen. Ich versuche es auch. Doch es wird zu kühl. Man merkt, daß wir nahe am Meere sind, man wacht vor Kälte immer wieder auf.

Einmal schlafe ich fest. Als ich plötzlich mit einem Ruck hochfliege, weiß ich nicht, wo ich bin. Ich sehe die Sterne, ich sehe die Raketen und habe einen Augenblick den Eindruck, auf einem Fest im Garten eingeschlafen zu sein. Ich weiß nicht, ob es Morgen oder Abend ist, ich liege in der bleichen Wiege der Dämmerung und warte auf weiche Worte, die kommen müssen, weich und geborgen – weine ich? Ich fasse nach meinen Augen, es ist so wunderlich, bin ich ein Kind? Sanfte Haut; – nur eine Sekunde währt es, dann erkenne ich die Silhouette Katczinskys. Er sitzt ruhig, der alte Soldat, und raucht eine Pfeife, eine Deckelpfeife natürlich. Als er bemerkt, daß ich wach bin, sagt er nur: »Du bist schön zusammengefahren. Es war nur ein Zünder, er ist da ins Gebüsch gesaust.«

Ich setze mich hoch, ich fühle mich sonderbar allein. Es ist gut, daß Kat da ist. Er sieht gedankenvoll zur Front und sagt: »Ganz schönes Feuerwerk, wenn's nicht so gefährlich wäre.«

Hinter uns schlägt es ein. Ein paar Rekruten fahren erschreckt auf. Nach ein paar Minuten funkt es wieder herüber, näher als vorher. Kat klopft seine Pfeife aus. »Es gibt Zunder.«

Schon geht es los. Wir kriechen weg, so gut es in der Eile geht. Der nächste Schuß sitzt bereits zwischen uns. Ein paar Leute schreien. Am Horizont steigen grüne Raketen auf. Der Dreck fliegt hoch, Splitter surren. Man hört sie noch aufklatschen, wenn der Lärm der Einschläge längst wieder verstummt ist.

Neben uns liegt ein verängstigter Rekrut, ein Flachskopf. Er hat das Gesicht in die Hände gepreßt. Sein Helm ist weggepurzelt. Ich fische ihn heran und will ihn auf seinen Schädel stülpen. Er sieht auf, stößt den Helm fort und kriecht wie ein Kind mit dem Kopf unter meinen Arm, dicht an meine Brust. Die schmalen Schultern zucken. Schultern, wie Kemmerich sie hatte.

Ich lasse ihn gewähren. Damit der Helm aber wenigstens zu etwas nutze ist, packe ich ihn auf seinen Hintern, nicht aus Blödsinn, sondern aus Überlegung, denn das ist der höchste Fleck. Wenn da zwar auch dickes Fleisch sitzt, Schüsse hinein sind doch verflucht schmerzhaft, außerdem muß man monatelang im Lazarett auf dem Bauch liegen und nachher ziemlich sicher hinken.

Irgendwo hat es mächtig eingehauen. Man hört Schreien zwischen den Einschlägen.

Endlich wird es ruhig. Das Feuer ist über uns hinweggefegt und liegt nun auf den letzten Reservegräben. Wir riskieren einen Blick. Rote Raketen flattern am Himmel. Wahrscheinlich kommt ein Angriff.

Bei uns bleibt es ruhig. Ich setze mich auf und rüttele den Rekruten an der Schulter. »Vorbei, Kleiner! Ist noch mal gutgegangen.«

Er sieht sich verstört um. Ich rede ihm zu: »Wirst dich schon gewöhnen.«

Er bemerkt seinen Helm und setzt ihn auf. Langsam kommt er zu sich. Plötzlich wird er feuerrot und hat ein verlegenes Aussehen. Vorsichtig langt er mit der Hand nach hinten und sieht mich gequält an. Ich verstehe sofort: Kanonenfieber. Dazu hatte ich ihm eigentlich den Helm nicht gerade dorthingepackt – aber ich tröste ihn doch: »Das ist keine Schande, es haben schon ganz andere Leute als du nach ihrem ersten Feuerüberfall die Hosen voll gehabt. Geh hinter den Busch da und schmeiß deine Unterhose weg. Erledigt –«

*

Er trollt sich. Es wird stiller, doch das Schreien hört nicht auf. »Was ist los, Albert?« frage ich.

»Drüben haben ein paar Kolonnen Volltreffer gekriegt.«

Das Schreien dauert an. Es sind keine Menschen, sie können nicht so furchtbar schreien.

Kat sagt: »Verwundete Pferde.«

Ich habe noch nie Pferde schreien gehört und kann es kaum glauben. Es ist der Jammer der Welt, es ist die gemarterte Kreatur, ein wilder, grauenvoller Schmerz, der da stöhnt. Wir sind bleich. Detering richtet sich auf. »Schinder, Schinder! Schießt sie doch ab!«

Er ist Landwirt und mit Pferden vertraut. Es geht ihm nahe. Und als wäre es Absicht, schweigt das Feuer jetzt beinahe. Um so deutlicher wird das Schreien der Tiere. Man weiß nicht mehr, woher es kommt in dieser jetzt so stillen, silbernen Landschaft, es ist unsichtbar, geisterhaft, überall, zwischen Himmel und Erde, es schwillt unermeßlich an – Detering wird wütend und brüllt: »Erschießt sie, erschießt sie doch, verflucht noch mal!«

»Sie müssen doch erst die Leute holen«, sagt Kat.

Wir stehen auf und suchen, wo die Stelle ist. Wenn man die Tiere erblickt, wird es besser auszuhalten sein. Meyer hat ein Glas bei sich. Wir sehen eine dunkle Gruppe Sanitäter mit Tragbahren und schwarze, größere Klumpen, die sich bewegen. Das sind die verwundeten Pferde. Aber nicht alle. Einige galoppieren weiter entfernt, brechen nieder und rennen weiter. Einem ist der Bauch aufgerissen, die Gedärme hängen lang heraus. Es verwickelt sich darin und stürzt, doch es steht wieder auf.

Detering reißt das Gewehr hoch und zielt. Kat schlägt es in die Luft. »Bist du verrückt –?«

Detering zittert und wirft sein Gewehr auf die Erde.

Wir setzen uns hin und halten uns die Ohren zu. Aber dieses entsetzliche Klagen und Stöhnen und Jammern schlägt durch, es schlägt überall durch.

Wir können alle etwas vertragen. Hier aber bricht uns der Schweiß aus. Man möchte aufstehen und fortlaufen, ganz gleich wohin, nur um das Schreien nicht mehr zu hören. Dabei sind es doch keine Menschen, sondern nur Pferde.

Von dem dunklen Knäuel lösen sich wieder Tragbahren. Dann knallen einzelne Schüsse. Die Klumpen zucken und werden flacher. Endlich! Aber es ist noch nicht zu Ende. Die Leute kommen nicht an die verwundeten Tiere heran, die in ihrer Angst flüchten, allen Schmerz in den weit aufgerissenen Mäulern. Eine der Gestalten geht aufs Knie, ein Schuß – ein Pferd bricht nieder, – noch eins. Das letzte stemmt sich auf die Vorderbeine und dreht sich im Kreise wie ein Karussell, sitzend dreht es sich auf den hochgestemmten Vorderbeinen im Kreise, wahrscheinlich ist der Rücken zerschmettert. Der Soldat rennt hin und schießt es nieder. Langsam, demütig rutscht es zu Boden.

Wir nehmen die Hände von den Ohren. Das Schreien ist verstummt. Nur ein langgezogener, ersterbender Seufzer hängt noch in der Luft. Dann sind wieder nur die Raketen, das Granatensingen und die Sterne da – und das ist fast sonderbar.

Detering geht und flucht: »Möchte wissen, was die für Schuld haben.« Er kommt nachher noch einmal heran. Seine Stimme ist erregt, sie klingt beinahe feierlich, als er sagt: »Das sage ich euch, es ist die allergrößte Gemeinheit, daß Tiere im Krieg sind.«

*

Wir gehen zurück. Es ist Zeit, zu unseren Wagen zu gelangen. Der Himmel ist eine Spur heller geworden. Drei Uhr morgens. Der Wind ist frisch und kühl, die fahle Stunde macht unsere Gesichter grau.

Wir tappen uns vorwärts im Gänsemarsch durch die Gräben und Trichter und gelangen wieder in die Nebelzone. Katczinsky ist unruhig, das ist ein schlechtes Zeichen.

»Was hast du, Kat?« fragt Kropp.

»Ich wollte, wir wären erst zu Hause.« – Zu Hause – er meint die Baracken.

»Dauert nicht mehr lange, Kat.«

Er ist nervös.

»Ich weiß nicht, ich weiß nicht –«

Wir kommen in die Laufgräben und dann in die Wiesen. Das Wäldchen taucht auf; wir kennen hier jeden Schritt Boden. Da ist der Jägerfriedhof schon mit den Hügeln und den schwarzen Kreuzen.

In diesem Augenblick pfeift es hinter uns, schwillt, kracht, donnert. Wir haben uns gebückt – hundert Meter vor uns schießt eine Feuerwolke empor.

In der nächsten Minute hebt sich ein Stück Wald unter einem zweiten Einschlag langsam über die Gipfel, drei, vier Bäume segeln mit und brechen dabei in Stücke. Schon zischen wie Kesselventile die folgenden Granaten heran – scharfes Feuer –

»Deckung!« brüllt jemand – »Deckung!« –

Die Wiesen sind flach, der Wald ist zu weit und gefährlich; – es gibt keine andere Deckung als den Friedhof und die Gräberhügel. Wir stolpern im Dunkel hinein, wie hingespuckt klebt jeder gleich hinter einem Hügel.

Keinen Moment zu früh. Das Dunkel wird wahnsinnig. Es wogt und tobt. Schwärzere Dunkelheiten als die Nacht rasen mit Riesenbuckeln auf uns los, über uns hinweg. Das Feuer der Explosionen überflackert den Friedhof.

Nirgendwo ist ein Ausweg. Ich wage im Aufblitzen der Granaten einen Blick auf die Wiesen. Sie sind ein aufgewühltes Meer, die Stichflammen der Geschosse springen wie Fontänen heraus. Es ist ausgeschlossen, daß jemand darüber hinwegkommt.

Der Wald verschwindet, er wird zerstampft, zerfetzt, zerrissen. Wir müssen hier auf dem Friedhof bleiben.

Vor uns birst die Erde. Es regnet Schollen. Ich spüre einen Ruck. Mein Ärmel ist aufgerissen durch einen Splitter. Ich balle die Faust. Keine Schmerzen. Doch das beruhigt mich nicht, Verletzungen schmerzen stets erst später. Ich fahre über den Arm. Er ist angekratzt, aber heil. Da knallt es gegen meinen Schädel, daß mir das Bewußtsein verschwimmt. Ich habe den blitzartigen Gedanken: Nicht ohnmächtig werden!, versinke in schwarzem Brei und komme sofort wieder hoch. Ein Splitter ist gegen meinen Helm gehauen, er kam so weit her, daß er nicht durchschlug. Ich wische mir den Dreck aus den Augen. Vor mir ist ein Loch aufgerissen, ich erkenne es undeutlich. Granaten treffen nicht leicht in denselben Trichter, deshalb will ich hinein. Mit einem Satze schnelle ich mich lang vor, flach wie ein Fisch über den Boden, da pfeift es wieder, rasch krieche ich zusammen, greife nach der Deckung, fühle links etwas, presse mich daneben, es gibt nach, ich stöhne, die Erde zerreißt, der Luftdruck donnert in meinen Ohren, ich krieche unter das Nachgebende, decke es über mich, es ist

Holz, Tuch, Deckung, Deckung, armselige Deckung vor herabschlagenden Splittern.

Ich öffne die Augen, meine Finger halten einen Ärmel umklammert, einen Arm. Ein Verwundeter? Ich schreie ihm zu, keine Antwort – ein Toter. Meine Hand faßt weiter, in Holzsplitter, da weiß ich wieder, daß wir auf dem Friedhof liegen.

Aber das Feuer ist stärker als alles andere. Es vernichtet die Besinnung, ich krieche nur noch tiefer unter den Sarg, er soll mich schützen, und wenn der Tod selber in ihm liegt.

Vor mir klafft der Trichter. Ich fasse ihn mit den Augen wie mit Fäusten, ich muß mit einem Satz hinein. Da erhalte ich einen Schlag ins Gesicht, eine Hand klammert sich um meine Schulter – ist der Tote wieder erwacht? – Die Hand schüttelt mich, ich wende den Kopf, in sekundenkurzem Licht starre ich in das Gesicht Katczinskys, er hat den Mund weit offen und brüllt, ich höre nichts, er rüttelt mich, nähert sich; in einem Moment Abschwellen erreicht mich seine Stimme: »Gas – Gaaas – Gaaas! – Weitersagen!«

Ich reiße die Gaskapsel heran. Etwas entfernt von mir liegt jemand. Ich denke an nichts mehr als an dies: Der dort muß es wissen: »Gaaas – Gaaas –!«

Ich rufe, schiebe mich heran, schlage mit der Kapsel nach ihm, er merkt nichts – noch einmal, noch einmal – er duckt sich nur – es ist ein Rekrut – ich sehe verzweifelt nach Kat, er hat die Maske vor – ich reiße meine auch heraus, der Helm fliegt beiseite, sie streift sich über mein Gesicht, ich erreiche den Mann, am nächsten liegt mir seine Kapsel, ich fasse die Maske, schiebe sie über seinen Kopf, er greift zu

65

– ich lasse los – und liege plötzlich mit einem Ruck im Trichter.

Der dumpfe Knall der Gasgranaten mischt sich in das Krachen der Explosivgeschosse. Eine Glocke dröhnt zwischen die Explosionen, Gongs, Metallklappern künden überallhin – Gas – Gas – Gaas –

Hinter mir plumpst es, einmal, zweimal. Ich wische die Augenscheiben meiner Maske vom Atemdunst sauber. Es sind Kat, Kropp und noch jemand. Wir liegen zu viert in schwerer, lauernder Anspannung und atmen so schwach wie möglich.

Die ersten Minuten mit der Maske entscheiden über Leben und Tod: ist sie dicht? Ich kenne die furchtbaren Bilder aus dem Lazarett: Gaskranke, die in tagelangem Würgen die verbrannten Lungen stückweise auskotzen.

Vorsichtig, den Mund auf die Patrone gedrückt, atme ich. Jetzt schleicht der Schwaden über den Boden und sinkt in alle Vertiefungen. Wie ein weiches, breites Quallentier legt er sich in unseren Trichter, räkelt sich hinein. Ich stoße Kat an: es ist besser herauszukriechen und oben zu liegen, als hier, wo das Gas sich am meisten sammelt. Doch wir kommen nicht dazu, ein zweiter Feuerhagel beginnt. Es ist, als ob nicht mehr die Geschosse brüllen; es ist, als ob die Erde selbst tobt.

Mit einem Krach saust etwas Schwarzes zu uns herab. Hart neben uns schlägt es ein, ein hochgeschleuderter Sarg.

Ich sehe Kat sich bewegen und krieche hinüber. Der Sarg ist dem vierten in unserem Loch auf den ausgestreckten Arm geschlagen. Der Mann versucht, mit der andern Hand die Gasmaske abzureißen. Kropp greift rechtzeitig zu, biegt ihm die Hand hart auf den Rücken und hält sie fest.

Kat und ich gehen daran, den verwundeten Arm frei zu machen. Der Sargdeckel ist lose und geborsten, wir können ihn leicht abreißen, den Toten werfen wir hinaus, er sackt nach unten, dann versuchen wir, den unteren Teil zu lockern.

Zum Glück wird der Mann bewußtlos, und Albert kann uns helfen. Wir brauchen nun nicht mehr so behutsam zu sein und arbeiten, was wir können, bis der Sarg mit einem Seufzer nachgibt unter den daruntergesteckten Spaten.

Es ist heller geworden. Kat nimmt ein Stück des Deckels, legt es unter den zerschmetterten Arm, und wir binden alle unsere Verbandspäckchen darum. Mehr können wir im Moment nicht tun.

Mein Kopf brummt und dröhnt in der Gasmaske, er ist nahe am Platzen. Die Lungen sind angestrengt, sie haben nur immer wieder denselben heißen, verbrauchten Atem, die Schläfenadern schwellen, man glaubt zu ersticken –

Graues Licht sickert zu uns herein. Wind fegt über den Friedhof. Ich schiebe mich über den Rand des Trichters. In der schmutzigen Dämmerung liegt vor mir ein ausgerissenes Bein, der Stiefel ist vollkommen heil, ich sehe das alles ganz deutlich im Augenblick. Aber jetzt erhebt sich wenige Meter weiter jemand, ich putze die Fenster, sie beschlagen mir vor Aufregung sofort wieder, ich starre hinüber – der Mann dort trägt keine Gasmaske mehr.

Noch Sekunden warte ich – er bricht nicht zusammen, er blickt suchend umher und macht einige Schritte – der Wind hat das Gas zerstreut, die Luft ist frei – da zerre ich röchelnd ebenfalls die Maske weg und falle hin, wie kaltes Wasser strömt die Luft in mich hinein, die Augen wollen brechen, die Welle überschwemmt mich und löscht mich dunkel aus.

*

Die Einschläge haben aufgehört. Ich drehe mich zum Trichter und winke den andern. Sie klettern herauf und reißen sich die Masken herunter. Wir umfassen den Verwundeten, einer nimmt seinen geschienten Arm. So stolpern wir hastig davon.

Der Friedhof ist ein Trümmerfeld. Särge und Leichen liegen verstreut. Sie sind noch einmal getötet worden; aber jeder von ihnen, der zerfetzt wurde, hat einen von uns gerettet.

Der Zaun ist verwüstet, die Schienen der Feldbahn drüben sind aufgerissen, sie starren hochgebogen in die Luft. Vor uns liegt jemand. Wir halten an, nur Kropp geht mit dem Verwundeten weiter.

Der am Boden ist ein Rekrut. Seine Hüfte ist blutverschmiert; er ist so erschöpft, daß ich nach meiner Feldflasche greife, in der ich Rum mit Tee habe. Kat hält meine Hand zurück und beugt sich über ihn: »Wo hat's dich erwischt, Kamerad?«

Er bewegt die Augen; er ist zu schwach zum Antworten.

Wir schneiden vorsichtig die Hose auf. Er stöhnt. »Ruhig, ruhig, es wird ja besser –«

Wenn er einen Bauchschuß hat, darf er nichts trinken. Er hat nichts erbrochen, das ist günstig. Wir legen die Hüfte bloß. Sie ist ein einziger Fleischbrei mit Knochensplittern. Das Gelenk ist getroffen. Dieser Junge wird nie mehr gehen können.

Ich wische ihm mit dem befeuchteten Finger über die Schläfe und gebe ihm einen Schluck. In seine Augen kommt Bewegung. Jetzt erst sehen wir, daß auch der rechte Arm blutet.

Kat zerfasert zwei Verbandspäckchen so breit wie möglich, damit sie die Wunde decken. Ich suche nach Stoff, um ihn lose darüberzuwickeln. Wir haben nichts mehr, deshalb schlitze ich dem Verwundeten das Hosenbein weiter auf, um ein Stück seiner Unterhose als Binde zu verwenden. Aber er trägt keine. Ich sehe ihn genauer an: es ist der Flachskopf von vorhin.

Kat hat inzwischen aus den Taschen eines Toten noch Päckchen geholt, die wir vorsichtig an die Wunde schieben. Ich sage dem Jungen, der uns unverwandt ansieht: »Wir holen jetzt eine Bahre.«

Da öffnet er den Mund und flüstert: »Hierbleiben –«

Kat sagt: »Wir kommen ja gleich wieder. Wir holen für dich eine Bahre.«

Man kann nicht erkennen, ob er verstanden hat; er wimmert wie ein Kind hinter uns her: »Nicht weggehen –«

Kat sieht sich um und flüstert: »Sollte man da nicht einfach einen Revolver nehmen, damit es aufhört?«

Der Junge wird den Transport kaum überstehen, und höchstens kann es noch einige Tage mit ihm dauern. Alles bisher aber wird nichts sein gegen diese Zeit, bis er stirbt. Jetzt ist er noch betäubt und fühlt nichts. In einer Stunde wird er ein kreischendes Bündel unerträglicher Schmerzen werden. Die Tage, die er noch leben kann, bedeuten für ihn eine einzige rasende Qual. Und wem nützt es, ob er sie noch hat oder nicht –

Ich nicke. »Ja, Kat, man sollte einen Revolver nehmen.«

»Gib her«, sagt er und bleibt stehen. Er ist entschlossen, ich sehe es. Wir blicken uns um, aber wir sind nicht mehr allein. Vor uns sammelt sich ein Häuflein, aus den Trichtern und Gräbern kommen Köpfe.

Wir holen eine Bahre.

Kat schüttelt den Kopf. »So junge Kerle« – Er wiederholt es: »So junge, unschuldige Kerle –«

*

Unsere Verluste sind geringer, als anzunehmen war: fünf Tote und acht Verwundete. Es war nur ein kurzer Feuerüberfall. Zwei von unseren Toten liegen in einem der aufgerissenen Gräber; wir brauchen sie bloß zuzubuddeln.

Wir gehen zurück. Schweigend trotten wir im Gänsemarsch hintereinander her. Die Verwundeten werden zur Sanitätsstation gebracht. Der Morgen ist trübe, die Krankenwärter laufen mit Nummern und Zetteln, die Verletzten wimmern. Es beginnt zu regnen.

Nach einer Stunde haben wir unsere Wagen erreicht und klettern hinauf. Jetzt ist mehr Platz als vorher da.

Der Regen wird stärker. Wir breiten Zeltbahnen aus und legen sie auf unsere Köpfe. Das Wasser trommelt darauf nieder. An den Seiten fließen die Regensträhnen ab. Die Wagen platschen durch die Löcher, und wir wiegen uns im Halbschlaf hin und her.

Zwei Mann vorn im Wagen haben lange gegabelte Stücke bei sich. Sie achten auf die Telefondrähte, die quer über die Straße hängen, so tief, daß sie unsere Köpfe wegreißen können. Die beiden Leute fangen sie mit ihren gegabelten Stöcken auf und heben sie über uns hinweg. Wir hören ihren Ruf: »Achtung – Draht«, und im Halbschlaf gehen wir in die Kniebeuge und richten uns wieder auf.

Monoton pendeln die Wagen, monoton sind die Rufe, monoton rinnt der Regen. Er rinnt auf unsere Köpfe und auf die Köpfe der Toten vorn, auf den Körper des kleinen Rekruten mit der Wunde, die viel zu groß für seine Hüfte ist, er rinnt auf das Grab Kemmerichs, er rinnt auf unsere Herzen.

Ein Einschlag hallt irgendwo. Wir zucken auf, die Augen sind gespannt, die Hände wieder bereit, um die Körper über die Wände des Wagens in den Straßengraben zu werfen.

Es kommt nichts weiter. – Monoton nur die Rufe: »Achtung – Draht« – wir gehen in die Knie, wir sind wieder im Halbschlaf.

5

Es ist beschwerlich, die einzelne Laus zu töten, wenn man Hunderte hat. Die Tiere sind etwas hart, und das ewige Knipsen mit den Fingernägeln wird langweilig. Tjaden hat deshalb den Deckel einer Schuhputzschachtel mit Draht über einem brennenden Kerzenstumpf befestigt. In diese kleine Pfanne werden die Läuse einfach hineingeworfen – es knackt, und sie sind erledigt.

Wir sitzen rundherum, die Hemden auf den Knien, den Oberkörper nackt in der warmen Luft, die Hände bei der Arbeit. Haie hat eine besonders feine Art von Läusen: sie haben ein rotes Kreuz auf dem Kopf. Deshalb behauptet er, sie aus dem Lazarett in Thourhout mitgebracht zu haben, sie seien von einem Oberstabsarzt persönlich. Er will auch das sich langsam in dem Blechdeckel ansammelnde Fett zum Stiefelschmieren benutzen und brüllte eine halbe Stunde lang vor Lachen über seinen Witz.

Doch heute hat er wenig Erfolg; etwas anderes beschäftigt uns zu sehr.

Das Gerücht ist Wahrheit geworden. Himmelstoß ist da. Gestern ist er erschienen, wir haben seine wohlbekannte

Stimme schon gehört. Er soll zu Hause ein paar junge Rekruten zu kräftig im Sturzacker gehabt haben. Ohne daß er es wußte, war der Sohn des Regierungspräsidenten dabei. Das brach ihm das Genick.

Hier wird er sich wundern. Tjaden erörtert seit Stunden alle Möglichkeiten, wie er ihm antworten will. Haie sieht nachdenklich seine große Flosse an und kneift mir ein Auge. Die Prügelei war der Höhepunkt seines Daseins; er hat mir erzählt, daß er noch manchmal davon träumt.

*

Kropp und Müller unterhalten sich. Kropp hat als einziger ein Kochgeschirr voll Linsen erbeutet, wahrscheinlich bei der Pionierküche. Müller schielt gierig hin, beherrscht sich aber und fragt:

»Albert, was würdest du tun, wenn jetzt mit einemmal Frieden wäre?«

»Frieden gibt's nicht!« äußert Albert kurz.

»Na, aber wenn –«, beharrt Müller, »was würdest du machen?«

»Abhauen!« knurrt Kropp.

»Das ist klar. Und dann?«

»Mich besaufen«, sagt Albert.

»Rede keinen Quatsch, ich meine es ernst –«

»Ich auch«, sagt Albert, »was soll man denn anders machen.«

Kat interessiert sich für die Frage. Er fordert von Kropp seinen Tribut an den Linsen, erhält ihn, überlegt dann lange und meint: »Besaufen könnte man sich ja, sonst aber auf die nächste Eisenbahn – und ab nach Muttern. Mensch, Frieden, Albert –«

Er kramt in seiner Wachstuchbrieftasche nach einer Fotografie und zeigt sie stolz herum. »Meine Alte!« Dann packt er sie weg und flucht: »Verdammter Lausekrieg –«

»Du kannst gut reden«, sage ich. »Du hast deinen Jungen und deine Frau.«

»Stimmt«, nickt er, »ich muß dafür sorgen, daß sie was zu essen haben.«

Wir lachen. »Daran wird's nicht fehlen, Kat, sonst requierierst du eben.«

Müller ist hungrig und gibt sich noch nicht zufrieden. Er schreckt Haie Westhus aus seinen Verprügelträumen. »Haie, was würdest du denn machen, wenn jetzt Frieden wäre?«

»Er müßte dir den Arsch vollhauen, weil du hier von so etwas überhaupt anfängst«, sage ich, »wie kommt das eigentlich?«

»Wie kommt Kuhscheiße aufs Dach?« antwortet Müller lakonisch und wendet sich wieder an Haie Westhus.

Es ist zu schwer auf einmal für Haie. Er wiegt seinen sommersprossigen Schädel: »Du meinst, wenn kein Krieg mehr ist?«

»Richtig. Du merkst auch alles.«

»Dann kämen doch wieder Weiber, nicht?« – Haie leckt sich das Maul.

»Das auch.«

»Meine Fresse noch mal«, sagt Haie, und sein Gesicht taut auf, »dann würde ich mir so einen strammen Feger schnappen, so einen richtigen Küchendragoner, weißt du, mit or-

dentlich was dran zum Festhalten, und sofort nichts wie
'rin in die Betten! Stell dir mal vor, richtige Federbetten
mit Sprungmatratzen, Kinners, acht Tage lang würde ich
keine Hose wieder anziehen.«

Alles schweigt. Das Bild ist zu wunderbar. Schauer laufen
uns über die Haut. Endlich ermannt sich Müller und fragt:
»Und danach?«

Pause. Dann erklärt Haie etwas verzwickt: »Wenn ich Unteroffizier wäre, würde ich erst noch bei den Preußen bleiben und kapitulieren.«

»Haie, du hast glatt einen Vogel«, sage ich.

Er fragt gemütlich zurück: »Hast du schon mal Torf gesto-
chen? Probier's mal.«

Damit zieht er seinen Löffel aus dem Stiefelschaft und langt
damit in Alberts Eßnapf.

»Schlimmer als Schanzen in der Champagne kann's auch
nicht sein«, erwiderte ich.

Haie kaut und grinst: »Dauert aber länger. Kannst dich
auch nicht drücken.«

»Aber, Mensch, zu Hause ist es doch besser, Haie.«

»Teils, teils«, sagt er und versinkt mit offenem Munde in
Grübelei.

Man kann auf seinen Zügen lesen, was er denkt. Da ist eine
arme Moorkate, da ist schwere Arbeit in der Hitze der
Heide vom frühen Morgen bis zum Abend, da ist spärlicher
Lohn, da ist ein schmutziger Knechtsanzug – –

»Hast beim Kommiß in Frieden keine Sorgen«, teilt er mit,
»jeden Tag ist dein Futter da, sonst machst du Krach, hast
dein Bett, alle acht Tage reine Wäsche wie ein Kavalier,
machst deinen Unteroffiziersdienst, hast dein schönes

76

Zeug; – abends bist du ein freier Mann und gehst in die Kneipe.«

Haie ist außerordentlich stolz auf seine Idee. Er verliebt sich darin. »Und wenn du deine zwölf Jahre um hast, kriegst du deinen Versorgungsschein und wirst Landjäger. Den ganzen Tag kannst du spazierengehen.«

Er schwitzt jetzt vor Zukunft. »Stell dir vor, wie du dann traktiert wirst. Hier einen Kognak, da einen halben Liter. Mit einem Landjäger will doch jeder gutstehen.«

»Du wirst ja nie Unteroffizier, Haie«, wirft Kat ein.

Haie blickt ihn betroffen an und schweigt. In seinen Gedanken sind jetzt wohl die klaren Abende im Herbst, die Sonntage in der Heide, die Dorfglocken, die Nachmittage und Nächte mit den Mägden, die Buchweizenpfannkuchen mit den großen Speckaugen, die sorglos verschwatzten Stunden im Krug –

Mit soviel Phantasie kann er so rasch nicht fertig werden; deshalb knurrt er nur erbost: »Was ihr immer für Blödsinn zusammenfragt.«

Er streift sein Hemd über den Kopf und knöpft den Waffenrock zu.

»Was würdest du machen, Tjaden?« ruft Kropp.

Tjaden kennt nur eins. »Aufpassen, daß mir Himmelstoß nicht durchgeht.«

Er möchte ihn wahrscheinlich am liebsten in einen Käfig sperren und jeden Morgen mit einem Knüppel über ihn herfallen. Zu Kropp schwärmt er:

»An deiner Stelle würde ich sehen, daß ich Leutnant würde. Dann kannst du ihn schleifen, daß ihm das Wasser im Hintern kocht.«

»Und du, Detering?« forscht Müller weiter. Er ist der geborene Schulmeister mit seiner Fragerei.

Detering ist wortkarg. Aber auf dieses Thema gibt er Antwort. Er sieht in die Luft und sagt nur einen Satz: »Ich würde gerade noch zur Ernte zurechtkommen.« Damit steht er auf und geht weg.

Er macht sich Sorgen. Seine Frau muß den Hof bewirtschaften. Dabei haben sie ihm noch zwei Pferde weggeholt. Jeden Tag liest er die Zeitungen, die kommen, ob es in seiner oldenburgischen Ecke auch nicht regnet. Sie bringen das Heu sonst nicht fort.

In diesem Augenblick erscheint Himmelstoß. Er kommt direkt auf unsere Gruppe zu. Tjadens Gesicht wird fleckig. Er legt sich längelang ins Gras und schließt die Augen vor Aufregung.

Himmelstoß ist etwas unschlüssig, sein Gang wird langsamer. Dann marschiert er dennoch zu uns heran. Niemand macht Miene, sich zu erheben. Kropp sieht ihm interessiert entgegen.

Er steht jetzt vor uns und wartet. Da keiner etwas sagt, läßt er ein »Na?« vom Stapel.

Ein paar Sekunden verstreichen; Himmelstoß weiß sichtlich nicht, wie er sich benehmen soll. Am liebsten möchte er uns jetzt im Galopp schleifen. Immerhin scheint er schon gelernt zu haben, daß die Front kein Kasernenhof ist. Er versucht es abermals und wendet sich nicht mehr an alle, sondern an einen, er hofft, so leichter Antwort zu erhalten. Kropp ist ihm am nächsten. Ihn beehrt er deshalb. »Na, auch hier?«

Aber Albert ist sein Freund nicht. Er antwortet knapp:

»Bißchen länger als Sie, denke ich.«

Der rötliche Schnurrbart zittert. »Ihr kennt mich wohl nicht mehr, was?«

Tjaden schlägt jetzt die Augen auf. »Doch.«

Himmelstoß wendet sich ihm zu: »Das ist doch Tjaden, nicht?«

Tjaden hebt den Kopf.

»Und weißt du, was du bist?«

Himmelstoß ist verblüfft. »Seit wann duzen wir uns denn? Wir haben doch nicht zusammen im Chausseegraben gelegen.«

Er weiß absolut nichts aus der Situation zu machen. Diese offene Feindseligkeit hat er nicht erwartet. Aber er hütet sich vorläufig; sicher hat ihm jemand den Unsinn von Schüssen in den Rücken vorgeschwätzt.

Tjaden wird auf die Frage nach dem Chausseegraben vor Wut sogar witzig.

»Nee, das warst du alleine.«

Jetzt kocht Himmelstoß auch. Tjaden kommt ihm jedoch eilig zuvor. Er muß seinen Spruch loswerden. »Was du bist, willst du wissen? Du bist ein Sauhund, das bist du! Das wollt' ich dir schon lange mal sagen.« Die Genugtuung vieler Monate leuchtet ihm aus den blanken Schweinsaugen, als er den Sauhund hinausschmettert.

Auch Himmelstoß ist nun entfesselt: »Was willst du Mistköter, du dreckiger Torfdeubel? Stehen Sie auf, Knochen zusammen, wenn ein Vorgesetzter mit Ihnen spricht!«

Tjaden winkt großartig. »Sie können rühren, Himmelstoß. Wegtreten.«

Himmelstoß ist ein tobendes Exerzierreglement. Der Kaiser könnte nicht beleidigter sein. Er heult: »Tjaden, ich befehle Ihnen dienstlich: Stehen Sie auf!«

»Sonst noch was?« fragt Tjaden.

»Wollen Sie meinem Befehl Folge leisten oder nicht?«

Tjaden erwidert gelassen und abschließend, ohne es zu wissen, mit dem bekanntesten Klassikerzitat. Gleichzeitig lüftet er seine Kehrseite.

Himmelstoß stürmt davon: »Sie kommen vors Kriegsgericht!«

Wir sehen ihn in der Richtung zur Schreibstube verschwinden.

Haie und Tjaden sind ein gewaltiges Torfstechergebrüll. Haie lacht so, daß er sich die Kinnlade ausrenkt und mit offenem Maul plötzlich hilflos dasteht. Albert muß sie ihm mit einem Faustschlag erst wieder einsetzen.

Kat ist besorgt. »Wenn er dich meldet, wird's böse.«

»Meinst du, daß er es tut?« fragt Tjaden.

»Bestimmt«, sage ich.

»Das mindeste, was du kriegst, sind fünf Tage Dicken«, erklärt Kat.

Das erschüttert Tjaden nicht. »Fünf Tage Kahn sind fünf Tage Ruhe.«

»Und wenn du auf Festung kommst?« forscht der gründlichere Müller.

»Dann ist der Krieg für mich so lange aus.«

Tjaden ist ein Sonntagskind. Für ihn gibt es keine Sorgen. Mit Haie und Leer zieht er ab, damit man ihn nicht in der ersten Aufregung findet.

*

Müller ist noch immer nicht zu Ende. Er nimmt sich wieder Kropp vor. »Albert, wenn du nun tatsächlich nach Hause kämst, was würdest du machen?«

Kropp ist jetzt satt und deshalb nachgiebiger. »Wieviel Mann wären wir dann eigentlich in der Klasse?«

Wir rechnen: von zwanzig sind sieben tot, vier verwundet, einer in der Irrenanstalt. Es kämen höchstens also zwölf Mann zusammen.

»Drei sind davon Leutnants«, sagt Müller. »Glaubst du, daß sie sich von Kantorek anschnauzen ließen?«

»Wir glauben es nicht; wir würden uns auch nicht mehr anschnauzen lassen.«

»Was hältst du eigentlich von der dreifachen Handlung im Wilhelm Tell?« erinnert sich Kropp mit einem Male und brüllt vor Lachen.

»Was waren die Ziele des Göttinger Hainbundes?« forscht auch Müller plötzlich sehr streng.

»Wieviel Kinder hatte Karl der Kühne?« erwidere ich ruhig.

»Aus Ihnen wird im Leben nichts, Bäumer«, quäkt Müller.

»Wann war die Schlacht bei Zama?« will Kropp wissen.

»Ihnen fehlt der sittliche Ernst, Kropp, setzen Sie sich, drei minus –«, winke ich ab.

»Welche Aufgaben hielt Lykurgus für die wichtigsten im Staate?« wispert Müller und scheint an einem Kneifer zu rücken.

»Heißt es: Wir Deutsche fürchten Gott, sonst niemand in der Welt, oder wir Deutschen . . .?« gebe ich zu bedenken.

»Wieviel Einwohner hat Melbourne?« zwitschert Müller zurück.

»Wie wollen Sie bloß im Leben bestehen, wenn Sie das nicht wissen?« frage ich Albert empört.

»Was versteht man unter Kohäsion?« trumpft der nun auf.

Von dem ganzen Kram wissen wir nicht mehr allzuviel. Er hat uns auch nichts genutzt. Aber niemand hat uns in der Schule beigebracht, wie man bei Regen und Sturm eine Zigarette anzündet, wie man ein Feuer aus nassem Holz machen kann – oder daß man ein Bajonett am besten in den Bauch stößt, weil es da nicht festklemmt wie bei den Rippen.

Müller sagt nachdenklich: »Was nutzt es. Wir werden doch wieder auf die Schulbank müssen.«

Ich halte es für ausgeschlossen. »Vielleicht machen wir ein Notexamen.«

»Dazu brauchst du Vorbereitung. Und wenn du es schon bestehst, was dann? Student sein ist nicht viel besser. Wenn du kein Geld hast, mußt du auch büffeln.«

»Etwas besser ist es. Aber Quatsch bleibt es trotzdem, was sie dir da eintrichtern.«

Kropp trifft unsere Stimmung:

»Wie kann man das ernst nehmen, wenn man hier draußen gewesen ist.«

»Aber du mußt doch einen Beruf haben«, wendet Müller ein, als wäre er Kantorek in Person.

Albert reinigt sich die Nägel mit dem Messer. Wir sind erstaunt über dieses Stutzertum. Aber es ist nur Nachdenklichkeit. Er schiebt das Messer weg und erklärt: »Das ist es ja. Kat und Detering und Haie werden wieder in ihren Beruf gehen, weil sie ihn schon vorher gehabt haben. Himmelstoß auch. Wir haben keinen gehabt. Wie sollen wir uns da nach diesem hier« – er macht eine Bewegung zur Front – »an einen gewöhnen.«

»Man müßte Rentier sein und dann ganz allein in einem Walde wohnen können –«, sage ich, schäme mich aber sofort über diesen Größenwahn.

»Was soll das bloß werden, wenn wir zurückkommen?« meint Müller, und selbst er ist betroffen.

Kropp zuckt die Achseln. »Ich weiß nicht. Erst mal da sein, dann wird sich's ja zeigen.«

Wir sind eigentlich alle ratlos. »Was könnte man denn machen?« frage ich.

»Ich habe zu nichts Lust«, antwortet Kropp müde. »Eines Tages bist du doch tot, was hast du da schon? Ich glaube nicht, daß wir überhaupt zurückkommen.«

»Wenn ich darüber nachdenke, Albert«, sage ich nach einer Weile und wälze mich auf den Rücken, »so möchte ich, wenn ich das Wort Friede höre, und es wäre wirklich so, irgend etwas Unausdenkbares tun, so steigt es mir zu Kopf. Etwas, weißt du, was wert ist, daß man hier im Schlamassel gelegen hat. Ich kann mir bloß nichts vorstellen. Was ich an Möglichem sehe, diesen ganzen Betrieb mit Beruf und Studium und Gehalt und so weiter – das kotzt mich an, denn das war ja immer schon da und ist widerlich. Ich finde nichts – ich finde nichts, Albert.«

Mit einemmal scheint mir alles aussichtslos und verzweifelt.

Kropp denkt ebenfalls darüber nach. Es wird überhaupt

schwer werden mit uns allen. Ob die sich in der Heimat eigentlich nicht manchmal Sorgen machen deswegen? Zwei Jahre Schießen und Handgranaten – das kann man doch nicht ausziehen wie einen Strumpf nachher –«

Wir stimmen darin überein, daß es jedem ähnlich geht; nicht nur uns hier; überall, jedem, der in der gleichen Lage ist, dem einen mehr, dem andern weniger. Es ist das gemeinsame Schicksal unserer Generation.

Albert spricht es aus. »Der Krieg hat uns für alles verdorben.«

Er hat recht. Wir sind keine Jugend mehr. Wir wollen die Welt nicht mehr stürmen. Wir sind Flüchtende. Wir flüchten vor uns. Vor unserem Leben. Wir waren achtzehn Jahre und begannen die Welt und das Dasein zu lieben; wir mußten darauf schießen. Die erste Granate, die einschlug, traf in unser Herz. Wir sind abgeschlossen vom Tätigen, vom Streben, vom Fortschritt. Wir glauben nicht mehr daran; wir glauben an den Krieg.

*

Die Schreibstube wird lebendig. Himmelstoß scheint sie alarmiert zu haben. An der Spitze der Kolonne trabt der dicke Feldwebel. Komisch, daß fast alle etatsmäßigen Feldwebel dick sind.

Ihm folgt der rachedürstende Himmelstoß. Seine Stiefel glänzen in der Sonne.

Wir erheben uns. Der Spieß schnauft:

»Wo ist Tjaden?«

Natürlich weiß es keiner. Himmelstoß glitzert uns böse an.

»Bestimmt wißt ihr es. Wollt es bloß nicht sagen. Raus mit der Sprache.«

Der Spieß sieht sich suchend um; Tjaden ist nirgendwo zu erblicken. Er versucht es andersherum. »In zehn Minuten soll Tjaden sich auf der Schreibstube melden.« Damit zieht er davon, Himmelstoß in seinem Kielwasser.

»Ich habe das Gefühl, daß mir beim nächsten Schanzen eine Drahtrolle auf die Beine von Himmelstoß fallen wird«, vermutet Kropp.

»Wir werden an ihm noch viel Spaß haben«, lacht Müller.

Das ist nun unser Ehrgeiz: einem Briefträger die Meinung stoßen. –

Ich gehe in die Baracke und sage Tjaden Bescheid, damit er verschwindet.

Dann wechseln wir unsern Platz und lagern uns wieder, um Karten zu spielen. Denn das können wir: Kartenspielen, fluchen und Krieg führen. Nicht viel für zwanzig Jahre – zuviel für zwanzig Jahre.

Nach einer halben Stunde ist Himmelstoß erneut bei uns. Niemand beachtet ihn. Er fragt nach Tjaden. Wir zucken die Achseln.

»Ihr solltet ihn doch suchen«, beharrt er.

»Wieso ihr?« erkundigt sich Kropp.

»Na, ihr hier –«

»Ich möchte Sie bitten, uns nicht zu duzen«, sagt Kropp wie ein Oberst.

Himmelstoß fällt aus den Wolken. »Wer duzt euch denn?«

»Sie!«

»Ich?«

»Ja.«

Es arbeitet in ihm. Er schielt Kropp mißtrauisch an, weil er keine Ahnung hat, was der meint. Immerhin traut er sich in diesem Punkte nicht ganz und kommt uns entgegen. »Habt ihr ihn nicht gefunden?«

Kropp legt sich ins Gras und sagt: »Waren Sie schon mal hier draußen?«

»Das geht Sie gar nichts an«, bestimmt Himmelstoß. »Ich verlange Antwort.«

»Gemacht«, erwidert Kropp und erhebt sich. »Sehen Sie mal dorthin, wo die kleinen Wölkchen stehen. Das sind die Geschosse der Flaks. Da waren wir gestern. Fünf Tote, acht Verwundete. Dabei war es eigentlich ein Spaß. Wenn Sie nächstens mit 'rausgehen, werden die Mannschaften, bevor sie sterben, erst vor Sie hintreten, die Knochen zusammenreißen und zackig fragen: Bitte wegtreten zu dürfen! Bitte abkratzen zu dürfen! Auf Leute wie Sie haben wir hier gerade gewartet.«

Er setzt sich wieder, und Himmelstoß verschwindet wie ein Komet.

»Drei Tage Arrest«, vermutet Kat.

»Das nächstemal lege ich los«, sage ich zu Albert.

Aber es ist Schluß. Dafür findet abends beim Appell eine Vernehmung statt. In der Schreibstube sitzt unser Leutnant Bertinck und läßt einen nach dem andern rufen.

Ich muß ebenfalls als Zeuge erscheinen und kläre auf, weshalb Tjaden rebelliert hat. Die Bettnässergeschichte macht Eindruck. Himmelstoß wird herangeholt und ich wiederhole meine Aussagen.

»Stimmt das?« fragt Bertinck Himmelstoß.

Der windet sich und muß es schließlich zugeben, als Kropp die gleichen Angaben macht.

»Weshalb hat denn niemand das damals gemeldet?« fragt Bertinck.

Wir schweigen; er muß doch selbst wissen, was eine Beschwerde über solche Kleinigkeiten beim Kommiß für Zweck hat. Gibt es beim Kommiß überhaupt Beschwerden? Er sieht es wohl ein und kanzelt Himmelstoß zunächst ab, indem er ihm noch einmal energisch klarmacht, daß die Front kein Kasernenhof sei. Dann kommt in verstärktem Maße Tjaden an die Reihe, der eine ausgewachsene Predigt und drei Tage Mittelarrest erhält. Kropp diktiert er mit einem Augenzwinkern einen Tag Arrest.

»Geht nicht anders«, sagt er bedauernd zu ihm. Er ist ein vernünftiger Kerl.

Mittelarrest ist angenehm. Das Arrestlokal ist ein früherer Hühnerstall; da können beide Besuch empfangen, wir verstehen uns schon darauf, hinzukommen. Dicker Arrest wäre Keller gewesen. Früher wurden wir auch an einen Baum gebunden, doch das ist jetzt verboten. Manchmal werden wir schon wie Menschen behandelt.

Eine Stunde nachdem Tjaden und Kropp hinter ihren Drahtgittern sitzen, brechen wir zu ihnen auf. Tjaden begrüßt uns krähend. Dann spielen wir bis in die Nacht Skat. Tjaden gewinnt natürlich, das dumme Luder.

*

Beim Aufbrechen fragt Kat mich: »Was meinst du zu Gänsebraten?«

»Nicht schlecht«, finde ich.

Wir klettern auf eine Munitionskolonne. Die Fahrt kostet zwei Zigaretten. Kat hat sich den Ort genau gemerkt. Der Stall gehört einem Regimentsstab. Ich beschließe, die Gans zu holen, und lasse mir Instruktionen geben. Der Stall ist hinter der Mauer, nur mit einem Pflock verschlossen.

Kat hält mir die Hände hin, ich stemme den Fuß hinein und klettere über die Mauer. Kat steht unterdessen Schmiere.

Einige Minuten bleibe ich stehen, um die Augen an die Dunkelheit zu gewöhnen. Dann erkenne ich den Stall. Leise schleiche ich mich heran, taste den Pflock ab, ziehe ihn weg und öffne die Tür.

Ich unterscheide zwei weiße Flecke. Zwei Gänse, das ist faul: faßt man die eine, so schreit die andere. Also beide – wenn ich schnell bin, klappt es.

Mit einem Satz springe ich zu. Eine erwische ich sofort, einen Moment später die zweite. Wie verrückt haue ich die Köpfe gegen die Wand, um sie zu betäuben. Aber ich muß wohl nicht genügend Wucht haben. Die Biester räuspern sich und schlagen mit Füßen und Flügeln um sich. Ich kämpfe erbittert, aber, Donnerwetter, was hat so eine Gans für Kraft! Sie zerren, daß ich hin und her taumele. Im Dunkel sind diese weißen Lappen scheußlich, meine Arme haben Flügel gekriegt, beinahe habe ich Angst, daß ich mich zum Himmel erhebe, als hätte ich ein paar Fesselballons in den Pfoten.

Da geht auch schon der Lärm los; einer der Hälse hat Luft geschnappt und schnarrt wie eine Weckuhr. Ehe ich mich versehe, tappt es draußen heran, ich bekomme einen Stoß, liege am Boden und höre wütendes Knurren. Ein Hund.

Ich blicke zur Seite; da schnappt er schon nach meinem Halse. Sofort liege ich still und ziehe vor allem das Kinn an den Kragen.

Es ist eine Dogge. Nach einer Ewigkeit nimmt sie den Kopf zurück und setzt sich neben mich. Doch wenn ich versuche, mich zu bewegen, knurrt sie. Ich überlege. Das einzige, was ich tun kann, ist, daß ich meinen kleinen Revolver zu fassen kriege. Fort muß ich hier auf jeden Fall, ehe Leute kommen. Zentimeterweise schiebe ich die Hand heran.

Ich habe das Gefühl, daß es Stunden dauert. Immer eine leise Bewegung und ein gefährliches Knurren; Stilliegen und erneuter Versuch. Als ich den Revolver in der Hand habe, fängt sie an zu zittern. Ich drücke sie auf den Boden und mache mir klar: Revolver hochreißen, schießen, ehe er zufassen kann, und türmen.

Langsam hole ich Atem und werde ruhiger. Dann halte ich die Luft an, zucke den Revolver hoch, es knallt, die Dogge spritzt jaulend zur Seite, ich gewinne die Tür des Stalles und purzele über eine der geflüchteten Gänse.

Im Galopp greife ich schnell noch zu, schmeiße sie mit einem Schwung über die Mauer und klettere selbst hoch. Ich bin noch nicht hinüber, da ist die Dogge auch schon wieder munter und springt nach mir. Rasch lasse ich mich fallen. Zehn Schritt vor mir steht Kat, die Gans im Arm. Sowie er mich sieht, laufen wir.

Endlich können wir verschnaufen. Die Gans ist tot, Kat hat das in einem Moment erledigt. Wir wollen sie gleich braten, damit keiner etwas merkt. Ich hole Töpfe und Holz aus der Baracke, und wir kriechen in einen kleinen verlassenen Schuppen, den wir für solche Zwecke kennen. Die einzige Fensterluke wird dicht verhängt. Eine Art Herd ist vorhanden, auf Backsteinen liegt eine eiserne Platte. Wir zünden ein Feuer an.

Kat rupft die Gans und bereitet sie zu. Die Federn legen wir sorgfältig beiseite. Wir wollen uns zwei kleine Kissen daraus machen mit der Aufschrift: »Ruhe sanft im Trommelfeuer!«

Das Artilleriefeuer der Front umsummt unsern Zufluchtsort. Lichtschein flackert über unsere Gesichter, Schatten tanzen auf der Wand. Manchmal ein dumpfer Krach, dann zittert der Schuppen. Fliegerbomben. Einmal hören wir gedämpfte Schreie. Eine Baracke muß getroffen sein.

Flugzeuge surren; das Tacktack von Maschinengewehren wird laut. Aber von uns dringt kein Licht hinaus, das zu sehen wäre.

So sitzen wir uns gegenüber, Kat und ich, zwei Soldaten in abgeschabten Röcken, die eine Gans braten, mitten in der Nacht. Wir reden nicht viel, aber wir sind voll zarterer Rücksicht miteinander, als ich mir denke, daß Liebende es sein können. Wir sind zwei Menschen, zwei winzige Funken Leben, draußen ist die Nacht und der Kreis des Todes. Wir sitzen an ihrem Rande, gefährdet und geborgen, über unsere Hände trieft Fett, wir sind uns nahe mit unseren Herzen, und die Stunde ist wie der Raum: überflackert von einem sanften Feuer, gehen die Lichter und Schatten der Empfindungen hin und her. Was weiß er von mir – was weiß ich von ihm, früher wäre keiner unserer Gedanken ähnlich gewesen – jetzt sitzen wir vor einer Gans und fühlen unser Dasein und sind uns so nahe, daß wir nicht darüber sprechen mögen.

Es dauert lange, eine Gans zu braten, auch wenn sie jung und fett ist. Wir wechseln uns deshalb ab. Einer begießt sie, während der andere unterdessen schläft. Ein herrlicher Duft verbreitet sich allmählich.

Die Geräusche von draußen werden zu einem Band, zu einem Traum, der aber die Erinnerung nicht ganz verliert. Ich sehe im Halbschlaf Kat den Löffel heben und senken, ich liebe ihn, seine Schultern, seine eckige, gebeugte Gestalt – und zu gleicher Zeit sehe ich hinter ihm Wälder und Sterne, und eine gute Stimme sagt Worte, die mir Ruhe geben, mir, einem Soldaten, der mit seinen großen Stiefeln und seinem Koppel und seinem Brotbeutel klein unter dem hohen Himmel den Weg geht, der vor ihm liegt, der rasch vergißt und nur selten noch traurig ist, der immer weitergeht unter dem großen Nachthimmel.

Ein kleiner Soldat und eine gute Stimme, und wenn man ihn streicheln würde, könnte er es vielleicht nicht mehr verstehen, der Soldat mit den großen Stiefeln und dem zugeschütteten Herzen, der marschiert, weil er Stiefel trägt, und alles vergessen hat außer dem Marschieren. Sind am Horizont nicht Blumen und eine Landschaft, die so still ist, daß er weinen möchte, der Soldat? Stehen dort nicht Bilder, die er nicht verloren hat, weil er sie nie besessen hat, verwirrend, aber dennoch für ihn vorüber? Stehen dort nicht seine zwanzig Jahre?

Ist mein Gesicht naß, und wo bin ich? Kat steht vor mir, sein riesiger gebückter Schatten fällt über mich wie eine Heimat. Er spricht leise, er lächelt und geht zum Feuer zurück.

Dann sagt er: »Es ist fertig.«

»Ja, Kat.«

Ich schüttele mich. In der Mitte des Raumes leuchtet der braune Braten. Wir holen unsere zusammenklappbaren Gabeln und unsere Taschenmesser heraus und schneiden uns jeder eine Keule ab. Dazu essen wir Kommißbrot, das wir in die Soße tunken. Wir essen langsam, mit vollem Genuß.

»Schmeckt es, Kat?«

»Gut! Dir auch?«

»Gut, Kat.«

Wir sind Brüder und schieben uns gegenseitig die besten Stücke zu. Hinterher rauche ich eine Zigarette, Kat eine Zigarre. Es ist noch viel übriggeblieben.

»Wie wäre es, Kat, wenn wir Kropp und Tjaden ein Stück brächten?«

»Gemacht«, sagt er. Wir schneiden eine Portion ab und wickeln sie sorgfältig in Zeitungspapier. Den Rest wollen wir eigentlich in unsere Baracke tragen, aber Kat lacht und sagt nur: »Tjaden.«

Ich sehe es ein, wir müssen alles mitnehmen. So machen wir uns auf den Weg zum Hühnerstall, um die beiden zu wecken. Vorher packen wir noch die Federn weg.

Kropp und Tjaden halten uns für eine Fata Morgana. Dann knirschen ihre Gebisse. Tjaden hat einen Flügel mit beiden Händen wie eine Mundharmonika im Munde und kaut. Er säuft das Fett aus dem Topf und schmatzt: »Das vergesse ich euch nie!«

Wir gehen zu unserer Baracke. Da ist der hohe Himmel wieder mit den Sternen und der beginnenden Dämmerung, und ich gehe darunter hin, ein Soldat mit großen Stiefeln und vollem Magen, ein kleiner Soldat in der Frühe – aber neben mir, gebeugt und eckig, geht Kat, mein Kamerad.

Die Umrisse der Baracke kommen in der Dämmerung auf uns zu wie ein schwarzer, guter Schlaf.

6

Es wird von einer Offensive gemunkelt. Wir gehen zwei Tage früher als sonst an die Front. Auf dem Wege passieren wir eine zerschossene Schule. An ihrer Längsseite aufgestapelt steht eine doppelte, hohe Mauer von ganz neuen, hellen, unpolierten Särgen. Sie riechen noch nach Harz und Kiefern und Wald. Es sind mindestens hundert.

»Da ist ja gut vorgesorgt zur Offensive«, sagt Müller erstaunt.

»Die sind für uns«, knurrt Detering.

»Quatsch nicht!« fährt Kat ihn an.

»Sei froh, wenn du noch einen Sarg kriegst«, grinst Tjaden, »dir verpassen sie doch nur eine Zeltbahn für deine Schießbudenfigur, paß auf!«

Auch die andern machen Witze, unbehagliche Witze, was sollen wir sonst tun. – Die Särge sind ja tatsächlich für uns. In solchen Dingen klappt die Organisation.

Überall vorn brodelt es. In der ersten Nacht versuchen wir uns zu orientieren. Da es ziemlich still ist, können wir hören, wie die Transporte hinter der gegnerischen Front rollen, unausgesetzt, bis in die Dämmerung hinein. Kat sagt, daß sie nicht abrollen, sondern Truppen bringen, Truppen, Munition, Geschütze.

Die englische Artillerie ist verstärkt, das hören wir sofort. Es stehen rechts von der Ferme mindestens vier Batterien 20,5 mehr, und hinter dem Pappelstumpf sind Minenwerfer eingebaut. Außerdem ist eine Anzahl dieser kleinen französischen Biester mit Aufschlagzündern hinzugekommen.

Wir sind in gedrückter Stimmung. Zwei Stunden nachdem wir in den Unterständen stecken, schießt uns die eigene Artillerie in den Graben. Es ist das drittemal in vier Wochen. Wenn es noch Zielfehler wären, würde keiner was sagen, aber es liegt daran, daß die Rohre zu ausgeleiert sind; sie streuen bis in unsern Abschnitt, so unsicher werden die Schüsse oft. In dieser Nacht haben wir dadurch zwei Verwundete.

*

Die Front ist ein Käfig, in dem man nervös warten muß auf das, was geschehen wird. Wir liegen unter dem Gitter der Granatenbogen und leben in der Spannung des Ungewissen. Über uns schwebt der Zufall. Wenn ein Geschoß kommt, kann ich mich ducken, das ist alles; wohin es schlägt, kann ich weder genau wissen noch beeinflussen. Dieser Zufall ist es, der uns gleichgültig macht. Ich saß vor einigen Monaten in einem Unterstand und spielte Skat; nach einer Weile stand ich auf und ging, Bekannte in einem andern Unterstand zu besuchen. Als ich zurückkam, war von dem ersten nichts mehr zu sehen, er war von einem schweren Treffer zerstampft. Ich ging zum zweiten zurück und kam gerade rechtzeitig, um zu helfen, ihn aufzugraben. Er war inzwischen verschüttet worden.

Ebenso zufällig, wie ich getroffen werde, bleibe ich am Leben. Im bombensicheren Unterstand kann ich zerquetscht werden, und auf freiem Felde zehn Stunden Trommelfeuer unverletzt überstehen. Jeder Soldat bleibt nur durch tausend Zufälle am Leben. Und jeder Soldat glaubt und vertraut dem Zufall.

*

Wir müssen auf unser Brot achtgeben. Die Ratten haben sich sehr vermehrt in der letzten Zeit, seit die Gräben nicht mehr recht in Ordnung sind. Detering behauptet, es wäre das sicherste Vorzeichen für dicke Luft.

Die Ratten hier sind besonders widerwärtig, weil sie so groß sind. Es ist die Art, die man Leichenratten nennt. Sie haben scheußliche, bösartige, nackte Gesichter, und es kann einem übel werden, wenn man ihre langen, kahlen Schwänze sieht.

Sie scheinen recht hungrig zu sein. Bei fast allen haben sie das Brot angefressen. Kropp hat es unter seinem Kopf fest in die Zeltbahn gewickelt, doch er kann nicht schlafen, weil sie ihm über das Gesicht laufen, um heranzugelangen. Detering wollte schlau sein; er hatte an der Decke einen dünnen Draht befestigt und sein Brot darangehängt. Als er nachts seine Taschenlampe anknipst, sieht er den Draht hin und her schwanken. Auf dem Brot reitet eine fette Ratte.

Schließlich machen wir ein Ende. Die Stücke Brot, die von den Tieren benagt sind, schneiden wir sorgfältig aus; wegwerfen können wir das Brot ja auf keinen Fall, weil wir morgen sonst nichts zu essen haben.

Die abgeschnittenen Scheiben legen wir in der Mitte auf dem Boden zusammen. Jeder nimmt seinen Spaten heraus und legt sich schlagbereit hin. Detering, Kropp und Kat halten ihre Taschenlampen bereit.

Nach wenigen Minuten hören wir das erste Schlurfen und Zerren. Es verstärkt sich, nun sind es viele kleine Füße. Da blitzen die Taschenlampen auf, und alles schlägt auf den schwarzen Haufen ein, der auseinanderzischt. Der Erfolg ist gut. Wir schaufeln die Rattenteile über den Grabenrand und legen uns wieder auf die Lauer.

Noch einige Male gelingt uns der Schlag. Dann haben die Tiere etwas gemerkt oder das Blut gerochen. Sie kommen nicht mehr. Trotzdem ist der Brotrest auf dem Boden am nächsten Tage von ihnen weggeholt.

Im benachbarten Abschnitt haben sie zwei große Katzen und einen Hund überfallen, totgebissen und angefressen.

*

Am nächsten Tage gibt es Edamer Käse. Jeder erhält fast einen Viertelkäse. Das ist teilweise gut, denn Edamer schmeckt – und es ist teilweise faul, denn für uns waren die dicken roten Bälle bislang immer ein Anzeichen für schweren Schlamassel. Unsere Ahnung steigert sich, als noch Schnaps ausgeteilt wird. Vorläufig trinken wir ihn; aber uns ist nicht wohl zumute dabei.

Tagsüber machen wir Wettschießen auf Ratten und lungern umher. Die Patronen und Handgranatenvorräte werden reichlicher. Die Bajonette revidieren wir selbst. Es gibt nämlich welche, die gleichzeitig auf der stumpfen Seite als

Säge eingerichtet sind. Wenn die drüben jemand damit erwischen, wird er rettungslos abgemurkst. Im Nachbarabschnitt sind Leute von uns wiedergefunden worden, denen mit diesen Sägeseitengewehren die Nasen abgeschnitten und die Augen ausgestochen waren. Dann hatte man ihnen den Mund und Nase mit Sägespänen gefüllt und sie so erstickt.

Einige Rekruten haben noch Seitengewehre ähnlicher Art; wir schaffen sie weg und besorgen ihnen andere.

Das Seitengewehr hat allerdings an Bedeutung verloren. Zum Stürmen ist es jetzt manchmal Mode, nur mit Handgranaten und Spaten vorzugehen. Der geschärfte Spaten ist eine leichtere und vielseitigere Waffe, man kann ihn nicht nur unter das Kinn stoßen, sondern vor allem damit schlagen, das hat größere Wucht; besonders wenn man schräg zwischen Schulter und Hals trifft, spaltet man leicht bis zur Brust durch. Das Seitengewehr bleibt beim Stich oft stecken, man muß dann erst dem andern kräftig gegen den Bauch treten, um es loszukriegen, und in der Zwischenzeit hat man selbst leicht eins weg. Dabei bricht es noch außerdem manchmal ab.

Nachts wird Gas abgeblasen. Wir erwarten den Angriff und liegen mit den Masken fertig, bereit, sie abzureißen, sowie der erste Schatten auftaucht.

Der Morgen graut, ohne daß etwas erfolgt. Nur immer dieses nervenzerreibende Rollen drüben, Züge, Züge, Lastwagen, Lastwagen, was konzentriert sich da nur? Unsere Artillerie funkt ständig hinüber, aber es hört nicht auf, es hört nicht auf. –

Wir haben müde Gesichter und sehen aneinander vorbei.

»Es wird wie an der Somme, da hatten wir nachher sieben Tage und Nächte Trommelfeuer«, sagt Kat düster. Er hat gar keinen Witz mehr, seit wir hier sind, und das ist schlimm, denn Kat ist ein altes Frontschwein, das Witterung besitzt. Nur Tjaden freut sich der guten Portionen und des Rums; er meint sogar, wir würden genauso in Ruhe zurückkehren, es würde gar nichts passieren.

Fast scheint es so. Ein Tag nach dem andern geht vorüber. Ich sitze nachts im Loch auf Horchposten. Über mir steigen die Raketen und Leuchtschirme auf und nieder. Ich bin vorsichtig und gespannt, mein Herz klopft. Immer wieder liegt mein Auge auf der Uhr mit dem Leuchtzifferblatt; der Zeiger will nicht weiter. Der Schlaf hängt in meinen Augenlidern, ich bewege die Zehen in den Stiefeln, um wachzubleiben. Nichts geschieht, bis ich abgelöst werde; – nur immer das Rollen drüben. Wir werden allmählich ruhig und spielen ständig Skat und Mauscheln. Vielleicht haben wir Glück.

Der Himmel hängt tagsüber voll Fesselballons. Es heißt, daß von drüben jetzt auch hier Tanks eingesetzt werden sollen und Infanterieflieger beim Angriff. Das interessiert uns aber weniger als das, was von den neuen Flammenwerfern erzählt wird.

*

Mitten in der Nacht erwachen wir. Die Erde dröhnt. Schweres Feuer liegt über uns. Wir drücken uns in die Ekken. Geschosse aller Kaliber können wir unterscheiden.

Jeder greift nach seinen Sachen und vergewissert sich alle Augenblicke von neuem, daß sie da sind. Der Unterstand bebt, die Nacht ist ein Brüllen und Blitzen. Wir sehen uns bei dem sekundenlangen Licht an und schütteln mit bleichen Gesichtern und gepreßten Lippen die Köpfe.

Jeder fühlt es mit, wie die schweren Geschosse die Grabenbrüstung wegreißen, wie sie die Böschung durchwühlen und die obersten Betonklötze zerfetzen. Wir merken den dumpferen, rasenderen Schlag, der dem Prankenhieb eines fauchenden Raubtiers gleicht, wenn der Schuß im Graben sitzt. Morgens sind einige Rekruten bereits grün und kotzen. Sie sind noch zu unerfahren.

Langsam rieselt widerlich graues Licht in den Stollen und macht das Blitzen der Einschläge fahler. Der Morgen ist da. Jetzt mischen sich explodierende Minen in das Artilleriefeuer. Es ist das Wahnsinnigste an Erschütterung, was es gibt. Wo sie niederfegen, ist ein Massengrab.

Die Ablösungen gehen hinaus, die Beobachter taumeln herein, mit Schmutz beworfen, zitternd. Einer legt sich schweigend in die Ecke und ißt, der andere, ein Ersatzreservist, schluchzt; er ist zweimal über die Brustwehr geflogen durch den Luftdruck der Explosion, ohne sich etwas anderes zu holen als einen Nervenschock.

Die Rekruten sehen zu ihm hin. So etwas steckt rasch an, wir müssen aufpassen, schon fangen verschiedene Lippen an zu flattern. Gut ist, daß es Tag wird; vielleicht erfolgt der Angriff vormittags.

Das Feuer schwächt nicht ab. Es liegt auch hinter uns. So weit man sehen kann, spritzen Dreck- und Eisenfontänen. Ein sehr breiter Gürtel wird bestrichen.

Der Angriff erfolgt nicht, aber die Einschläge dauern an. Wir werden langsam taub. Es spricht kaum noch jemand.

Man kann sich auch nicht verstehen.

Unser Graben ist fast fort. An vielen Stellen reicht er nur noch einen halben Meter hoch, er ist durchbrochen von Löchern, Trichtern und Erdbergen. Direkt vor unserm Stollen platzt eine Granate. Sofort ist es dunkel. Wir sind zugeschüttet und müssen uns ausgraben. Nach einer Stunde ist der Eingang wieder frei, und wir sind etwas gefaßter, weil wir Arbeit hatten.

Unser Kompanieführer klettert herein und berichtet, daß zwei Unterstände weg sind. Die Rekruten beruhigen sich, als sie ihn sehen. Er sagt, daß heute abend versucht werden soll, Essen heranzubringen.

Das klingt tröstlich. Keiner hat daran gedacht, außer Tjaden. Nun rückt etwas wieder von draußen näher; – wenn Essen geholt werden soll, kann es ja nicht so schlimm sein, denken die Rekruten. Wir stören sie nicht, wir wissen, daß Essen ebenso wichtig wie Munition ist und nur deshalb herangeschafft werden muß.

Aber es mißlingt. Eine zweite Staffel geht los. Auch sie kehrt um. Schließlich ist Kat dabei, und selbst er erscheint unverrichtetersache wieder. Niemand kommt durch, kein Hundeschwanz ist schmal genug für dieses Feuer.

Wir ziehen unsere Schmachtriemen enger und kauen jeden Happen dreimal so lange. Doch es reicht trotzdem nicht aus; wir haben verfluchten Kohldampf. Ich bewahre mir eine Kante auf; das Weiche esse ich heraus, die Kante bleibt im Brotbeutel; ab und zu knabbere ich mal daran.

*

Die Nacht ist unerträglich. Wir können nicht schlafen, wir stieren vor uns hin und duseln. Tjaden bedauert, daß wir unsere angefressenen Brotstücke für die Ratten vergeudet haben. Wir hätten sie ruhig aufheben sollen. Jeder würde sie jetzt essen. Wasser fehlt uns auch, aber noch nicht so sehr.

Gegen Morgen, als es noch dunkel ist, entsteht Aufregung. Durch den Eingang stürzt ein Schwarm flüchtender Ratten und jagt die Wände hinauf. Die Taschenlampen beleuchten die Verwirrung. Alle schreien und fluchen und schlagen zu. Es ist der Ausbruch der Wut und der Verzweiflung vieler Stunden, der sich entlädt. Die Gesichter sind verzerrt, die Arme schlagen, die Tiere quietschen, es fällt schwer, daß wir aufhören, fast hätte einer den anderen angefallen.

Der Ausbruch hat uns erschöpft. Wir liegen und warten wieder. Es ist ein Wunder, daß unser Unterstand noch keine Verluste hat. Er ist einer der wenigen tiefen Stollen, die es jetzt noch gibt.

Ein Unteroffizier kriecht herein; der hat ein Brot bei sich. Drei Leuten ist es doch geglückt, nachts durchzukommen und etwas Proviant zu holen. Sie haben erzählt, daß das Feuer in unverminderter Stärke bis zu den Artillerieständen läge. Es sei ein Rätsel, wo die drüben so viele Geschütze hernähmen.

Wir müssen warten, warten. Mittags passiert das, womit ich schon rechnete. Einer der Rekruten hat einen Anfall. Ich habe ihn schon lange beobachtet, wie er ruhelos die Zähne bewegte und die Fäuste ballte und schloß. Diese gehetzten, herausspringenden Augen kennen wir zur Genüge. In den letzten Stunden ist er nur scheinbar stiller geworden. Er ist in sich zusammengesunken wie ein morscher Baum.

Jetzt steht er auf, unauffällig kriecht er durch den Raum, verweilt einen Augenblick und rutscht dann dem Ausgang zu. Ich lege mich herum und frage: »Wo willst du hin?«

»Ich bin gleich wieder da«, sagt er und will an mir vorbei.

»Warte doch noch, das Feuer läßt schon nach.«

Er horcht auf, und das Auge wird einen Moment klar. Dann hat es wieder den trüben Glanz wie bei einem tollwütigen Hund, er schweigt und drängt mich fort. »Eine Minute, Kamerad!« rufe ich. Kat wird aufmerksam. Gerade als der Rekrut mich fortstößt, packt er zu, und wir halten ihn fest.

Sofort beginnt er zu toben: »Laßt mich los, laßt mich 'raus, ich will hier 'raus!«

Er hört auf nichts und schlägt um sich, der Mund ist naß und sprüht Worte, halbverschluckte, sinnlose Worte. Es ist ein Anfall von Unterstandsangst, er hat das Gefühl, hier zu ersticken, und kennt nur den einen Trieb: hinauszugelangen. Wenn man ihn laufen ließe, würde er ohne Deckung irgendwohin rennen. Er ist nicht der erste.

Da er sehr wild ist und die Augen sich schon verdrehen, so hilft es nichts, wir müssen ihn verprügeln, damit er vernünftig wird. Wir tun es schnell und erbarmungslos und erreichen, daß er vorläufig wieder ruhig sitzt. Die andern sind bleich bei der Geschichte geworden; hoffentlich schreckt es sie ab. Dieses Trommelfeuer ist zuviel für die armen Kerle; sie sind vom Feldrekrutendepot gleich in einen Schlamassel geraten, der selbst einem alten Mann graue Haare machen könnte.

Die stickige Luft fällt uns nach diesem Vorgang noch mehr auf die Nerven. Wir sitzen wie in unserm Grabe und warten nur darauf, daß wir zugeschüttet werden. Plötzlich heult und blitzt es ungeheuer, der Unterstand kracht in allen Fugen unter einem Treffer, glücklicherweise einem leichten, dem die Betonklötze standgehalten haben. Es klirrt metallisch und fürchterlich, die Wände wackeln, Gewehre, Helme, Erde, Dreck und Staub fliegen. Schwefeliger Qualm dringt ein. Wenn wir statt in dem festen Unterstand in einem der leichten Dinger säßen, wie sie neuerdings gebaut werden, lebte jetzt keiner mehr.

Die Wirkung ist aber auch so schlimm genug. Der Rekrut von vorhin tobt schon wieder, und zwei andere schließen sich an. Einer reißt aus und läuft weg. Wir haben Mühe mit den beiden andern. Ich stürze hinter dem Flüchtenden her und überlege, ob ich ihm in die Beine schießen soll; – da pfeift es heran, ich werfe mich hin, und als ich aufstehe, ist die Grabenwand mit heißen Splittern, Fleischfetzen und Uniformlappen bepflastert. Ich klettere zurück.

Der erste scheint wirklich verrückt geworden zu sein. Er rennt mit dem Kopf wie ein Bock gegen die Wand, wenn man ihn losläßt. Wir werden nachts versuchen müssen, ihn nach hinten zu bringen. Vorläufig binden wir ihn so fest, daß man ihn beim Angriff sofort wieder losmachen kann.

Kat schlägt vor, Skat zu spielen; – was soll man tun, vielleicht ist es leichter dann. Aber es wird nichts daraus, wir lauschen auf jeden Einschlag, der näher ist, und verzählen uns bei den Stichen oder bedienen nicht die Farbe. Wir müssen es lassen. Wie in einem gewaltig dröhnenden

Kessel sitzen wir, auf den von allen Seiten losgeschlagen wird.

Noch eine Nacht. Wir sind jetzt stumpf vor Spannung. Es ist eine tödliche Spannung, die wie ein schartiges Messer unser Rückenmark entlang kratzt. Die Beine wollen nicht mehr, die Hände zittern, der Körper ist eine dünne Haut über mühsam unterdrücktem Wahnsinn, über einem gleich hemmungslos ausbrechendem Gebrüll ohne Ende. Wir haben kein Fleisch und keine Muskeln mehr, wir können uns nicht mehr ansehen, aus Furcht vor etwas Unberechenbarem. So pressen wir die Lippen aufeinander – es wird vorübergehen – es wird vorübergehen – vielleicht kommen wir durch.

*

Mit einem Male hören die nahen Einschläge auf. Das Feuer dauert an, aber es ist zurückverlegt, unser Graben ist frei. Wir greifen nach den Handgranaten, werfen sie vor den Unterstand und springen hinaus. Das Trommelfeuer hat aufgehört, dafür liegt hinter uns ein schweres Sperrfeuer. Der Angriff ist da.

Niemand würde glauben, daß in dieser zerwühlten Wüste noch Menschen sein könnten; aber jetzt tauchen überall aus dem Graben die Stahlhelme auf, und fünfzig Meter von uns entfernt ist schon ein Maschinengewehr in Stellung gebracht, das gleich losbellt.

Die Drahtverhaue sind zerfetzt. Immerhin halten sie noch etwas auf. Wir sehen die Stürmenden kommen. Unsere Artillerie funkt. Maschinengewehre knarren, Gewehre knattern. Von drüben arbeiten sie sich heran. Haie und Kropp beginnen mit den Handgranaten. Sie werfen, so rasch sie können, die Stiele werden ihnen abgezogen zugereicht. Haie wirft sechzig Meter weit, Kropp fünfzig, das ist ausprobiert und wichtig. Die von drüben können im Laufen nicht viel eher etwas machen, als bis sie auf dreißig Meter heran sind.

Wir erkennen die verzerrten Gesichter, die flachen Helme, es sind Franzosen. Sie erreichen die Reste des Drahtverhaus und haben schon sichtbare Verluste. Eine ganze Reihe wird von dem Maschinengewehr neben uns umgelegt; dann haben wir viele Ladehemmungen, und sie kommen näher.

Ich sehe einen von ihnen in einen spanischen Reiter stürzen, das Gesicht hoch erhoben. Der Körper sackt zusammen, die Hände bleiben hängen, als wollte er beten. Dann fällt der Körper ganz weg, und nur noch die abgeschossenen Hände mit den Armstümpfen hängen im Draht.

Im Augenblick, als wir zurückgehen, heben sich vorn drei Gesichter vom Boden. Unter einem der Helme ein dunkler Spitzbart und zwei Augen, die fest auf mich gerichtet sind. Ich hebe die Hand, aber ich kann nicht werfen in diese sonderbaren Augen, einen verrückten Moment lang rast die ganze Schlacht wie ein Zirkus um mich und diese beiden Augen, die allein bewegungslos sind, dann reckt sich drüben der Kopf auf, eine Hand, eine Bewegung, und meine Handgranate fliegt hinüber, hinein.

Wir laufen zurück, reißen spanische Reiter in den Graben und lassen abgezogene Handgranaten hinter uns fallen, die uns einen feurigen Rückzug sichern. Von der nächsten Stellung aus feuern die Maschinengewehre.

Aus uns sind gefährliche Tiere geworden. Wir kämpfen

nicht, wir verteidigen uns vor der Vernichtung. Wir schleudern die Granaten nicht gegen Menschen, was wissen wir im Augenblick davon, dort hetzt mit Händen und Helmen der Tod hinter uns her, wir können ihm seit drei Tagen zum ersten Male ins Gesicht sehen, wir können uns seit drei Tagen zum ersten Male wehren gegen ihn, wir haben eine wahnsinnige Wut, wir liegen nicht mehr ohnmächtig wartend auf dem Schafott, wir können zerstören und töten, um uns zu retten und zu rächen.

Wir hocken hinter jeder Ecke, hinter jedem Stacheldrahtgestell und werfen den Kommenden Bündel von Explosionen vor die Füße, ehe wir forthuschen. Das Krachen der Handgranaten schießt kraftvoll in unsere Arme, in unsere Beine, geduckt wie Katzen laufen wir, überschwemmt von dieser Welle, die uns trägt, die uns grausam macht, zu Wegelagerern, zu Mördern, zu Teufeln meinetwegen, dieser Welle, die unsere Kraft vervielfältigt in Angst und Wut und Lebensgier, die uns Rettung sucht und erkämpft. Käme dein Vater mit denen drüben, du würdest nicht zaudern, ihm die Granate gegen die Brust zu werfen!

Die vorderen Gräben werden aufgegeben. Sind es noch Gräben? Sie sind zerschossen, vernichtet – es sind nur einzelne Grabenstücke, Löcher, verbunden durch Laufgänge, Trichternester, nicht mehr. Aber die Verluste derer von drüben häufen sich. Sie haben nicht mit so viel Widerstand gerechnet.

*

Es wird Mittag. Die Sonne brennt heiß, uns beißt der Schweiß in die Augen, wir wischen ihn mit dem Ärmel weg, manchmal ist Blut dabei. Der erste etwas besser erhaltene Graben taucht auf. Er ist besetzt und vorbereitet zum Gegenstoß, er nimmt uns auf. Unsere Artillerie setzt mächtig ein und riegelt den Vorstoß ab.

Die Linien hinter uns stocken. Sie können nicht vorwärts. Der Angriff wird zerfetzt durch unsere Artillerie. Wir lauern. Das Feuer springt hundert Meter weiter, und wir brechen wieder vor. Neben mir wird einem Gefreiten der Kopf abgerissen. Er läuft noch einige Schritte, während das Blut ihm wie ein Springbrunnen aus dem Halse schießt.

Es kommt nicht ganz zum Handgemenge, die andern müssen zurück. Wir erreichen unsere Grabenstücke wieder und gehen darüber hinaus vor.

Oh, dieses Umwenden! Man hat die schützenden Reservestellungen erreicht, man möchte hindurchkriechen, verschwinden; – und muß sich umdrehen und wieder in das Grauen hinein. Wären wir keine Automaten in diesem Augenblick, wir blieben liegen, erschöpft, willenlos. Aber wir werden wieder mit vorwärts gezogen, willenlos und doch wahnsinnig wild und wütend, wir wollen töten, denn das dort sind unsere Todfeinde jetzt, ihre Gewehre und Granaten sind gegen uns gerichtet, vernichten wir sie nicht, dann vernichten sie uns!

Die braune Erde, die zerrissene, zerborstene braune Erde, fettig unter den Sonnenstrahlen schimmernd, ist der Hintergrund rastlos dumpfen Automatentums, unser Keuchen ist das Abschnarren der Feder, die Lippen sind trocken, der Kopf ist wüster als nach einer durchsoffenen Nacht – so taumeln wir vorwärts, und in unsere durchsiebten, durchlöcherten Seelen bohrt sich quälend eindringlich das Bild der braunen Erde mit der fettigen Sonne und den zuckenden und toten Soldaten, die da liegen, als müßte es so sein, die nach unsern Beinen greifen und schreien, während wir über sie hinwegspringen.

Wir haben alles Gefühl füreinander verloren, wir kennen uns kaum noch, wenn das Bild des andern in unseren gejagten Blick fällt. Wir sind gefühllose Tote, die durch einen Trick, einen gefährlichen Zauber noch laufen und töten können.

Ein junger Franzose bleibt zurück, er wird erreicht, hebt die Hände, in einer hat er noch den Revolver – man weiß nicht, will er schießen oder sich ergeben –, ein Spatenschlag spaltet ihm das Gesicht. Ein zweiter sieht es und versucht, weiterzuflüchten, ein Bajonett zischt ihm in den Rücken. Er springt hoch, und die Arme ausgebreitet, den Mund schreiend weit offen, taumelt er davon, in seinem Rücken schwankt das Bajonett. Ein dritter wirft das Gewehr weg, kauert sich nieder, die Hände vor den Augen. Er bleibt zurück mit einigen andern Gefangenen, um Verwundete fortzutragen.

Plötzlich geraten wir in der Verfolgung an die feindlichen Stellungen.

Wir sind so dicht hinter den weichenden Gegnern, daß es uns gelingt, fast gleichzeitig mit ihnen anzulangen. Dadurch haben wir wenig Verluste. Ein Maschinengewehr kläfft, wird aber durch eine Handgranate erledigt. Immerhin haben die paar Sekunden für fünf Bauchschüsse bei uns ausgereicht. Kat schlägt einem der unverwundet gebliebenen Maschinengewehrschützen mit dem Kolben das Gesicht zu Brei. Die andern erstechen wir, ehe sie ihre Handgranaten heraus haben. Dann saufen wir durstig das Kühlwasser aus.

Überall knacken Drahtzangen, poltern Bretter über die Verhaue, springen wir durch die schmalen Zugänge in die Gräben. Haie stößt einem riesigen Franzosen seinen Spaten in den Hals und wirft die erste Handgranate; wir dukken uns einige Sekunden hinter einer Brustwehr, dann ist das gerade Stück des Grabens vor uns leer. Schräg über die Ecke zischt der nächste Wurf und schafft freie Bahn, im Vorbeilaufen fliegen geballte Ladungen in die Unterstände, die Erde ruckt, es kracht, dampft und stöhnt, wir stolpern über glitschige Fleischfetzen, über weiche Körper, ich falle in einen zerrissenen Bauch, auf dem ein neues, sauberes Offizierskäppi liegt.

Das Gefecht stockt. Die Verbindung mit dem Feinde reißt ab. Da wir uns hier nicht lange halten können, werden wir unter dem Schutze unserer Artillerie zurückgenommen auf unsere Stellung. Kaum wissen wir es, als wir in größter Eile noch in die nächsten Unterstände stürzen, um von Konserven an uns zu reißen, was wir gerade sehen, vor allem die Büchsen mit Corned beef und Butter, ehe wir türmen.

Wir kommen gut zurück. Es erfolgt vorläufig kein weiterer Angriff von drüben. Über eine Stunde liegen wir, keuchen und ruhen uns aus, ehe jemand spricht. Wir sind so völlig ausgepumpt, daß wir trotz unseres starken Hungers nicht an die Konserven denken. Erst allmählich werden wir wieder so etwas wie Menschen.

Das Corned beef von drüben ist an der ganzen Front berühmt. Es ist mitunter sogar der Hauptgrund zu einem überraschenden Vorstoß von unserer Seite, denn unsere

Ernährung ist im allgemeinen schlecht; wir haben ständig Hunger.

Insgesamt haben wir fünf Büchsen geschnappt. Die Leute drüben werden ja verpflegt, das ist eine Pracht gegen uns Hungerleider mit unserer Rübenmarmelade, das Fleisch steht da nur so herum, man braucht bloß danach zu greifen. Haie hat außerdem ein dünnes französisches Weißbrot erwischt und hinter sein Koppel geschoben wie einen Spaten. An einer Ecke ist es ein bißchen blutig, doch das läßt sich abschneiden.

Es ist ein Glück, daß wir jetzt gut zu essen haben; wir werden unsere Kräfte noch brauchen. Sattessen ist ebenso wertvoll wie ein guter Unterstand; deshalb sind wir so gierig danach, denn es kann uns das Leben retten.

Tjaden hat noch zwei Feldflaschen Kognak erbeutet. Wir lassen sie reihum gehen.

*

Der Abendsegen beginnt. Die Nacht kommt, aus den Trichtern steigen Nebel. Es sieht aus, als wären die Löcher von gespenstigen Geheimnissen erfüllt. Der weiße Dunst kriecht angstvoll umher, ehe er wagt, über den Rand hinwegzugleiten. Dann ziehen lange Streifen von Trichter zu Trichter.

Es ist kühl. Ich bin auf Posten und starre in die Dunkelheit. Mir ist schwach zumute, wie immer nach einem Angriff, und deshalb wird es mir schwer, mit meinen Gedanken allein zu sein. Es sind keine eigentlichen Gedanken; es sind Erinnerungen, die mich in meiner Schwäche jetzt heimsuchen und mich sonderbar stimmen.

Die Leuchtschirme gehen hoch – und ich sehe ein Bild, einen Sommerabend, wo ich im Kreuzgang des Domes bin und auf hohe Rosenbüsche schaue, die in der Mitte des kleinen Kreuzgartens blühen, in dem die Domherren begraben werden. Rundum stehen die Steinbilder der Stationen des Rosenkranzes. Niemand ist da; – eine große Stille hält dieses blühende Viereck umfangen, die Sonne liegt warm auf den dicken grauen Steinen, ich lege meine Hand darauf und fühle die Wärme. Über der rechten Ecke des Schieferdaches strebt der grüne Domturm in das matte, weiche Blau des Abends. Zwischen den beglänzten kleinen Säulen der umlaufenden Kreuzgänge ist das kühle Dunkel, das nur Kirchen haben, und ich stehe dort und denke daran, daß ich mit zwanzig Jahren die verwirrenden Dinge kennen werde, die von den Frauen kommen.

Das Bild ist bestürzend nahe, es rührt mich an, ehe es unter dem Aufflammen der nächsten Leuchtkugel zergeht.

Ich fasse mein Gewehr und rücke es zurecht. Der Lauf ist feucht, ich lege meine Hand fest darum und zerreibe die Feuchtigkeit mit den Fingern.

Zwischen den Wiesen hinter unserer Stadt erhob sich an einem Bach eine Reihe von alten Pappeln. Sie waren weithin sichtbar, und obschon sie nur auf einer Seite standen, hießen sie die Pappelallee. Schon als Kinder hatten wir eine Vorliebe für sie, unerklärlich zogen sie uns an, ganze Tage verbrachten wir bei ihnen und hörten ihrem leisen Rauschen zu. Wir saßen unter ihnen am Ufer des Baches und ließen die Füße in die hellen, eiligen Wellen hängen. Der reine Duft des Wassers und die Melodie des Windes in den Pappeln beherrschten unsere Phantasie. Wir liebten sie sehr, und das Bild dieser Tage läßt mir jetzt noch das Herz klopfen, ehe es wieder geht.

Es ist seltsam, daß alle Erinnerungen, die kommen, zwei Eigenschaften haben. Sie sind immer voll Stille, das ist das Stärkste an ihnen, und selbst dann, wenn sie es nicht in dem Maße in Wahrheit waren, wirken sie so. Sie sind lautlose Erscheinungen, die zu mir sprechen mit Blicken und Gebärden, wortlos und schweigend, – und ihr Schweigen ist das Erschütternde, das mich zwingt, meinen Ärmel anzufassen und mein Gewehr, um mich nicht vergehen zu lassen in dieser Auflösung und Lockung, in der mein Körper sich ausbreiten und sanft zerfließen möchte zu den stillen Mächten hinter den Dingen.

Sie sind so still, weil das für uns so unbegreiflich ist. An der Front gibt es keine Stille, und der Bann der Front reicht so weit, daß wir nie außerhalb von ihr sind. Auch in den zurückgelegenen Depots und Ruhequartieren bleibt das Summen und das gedämpfte Poltern des Feuers stets in unseren Ohren. Wir sind nie so weit fort, daß wir es nicht mehr hören. In diesen Tagen aber war es unerträglich.

Die Stille ist die Ursache dafür, daß die Bilder des Früher nicht so sehr Wünsche erwecken als Trauer – eine ungeheure, fassungslose Schwermut. Sie waren – aber sie kehren nicht wieder. Sie sind vorbei, sie sind eine andere Welt, die für uns vorüber ist. Auf den Kasernenhöfen riefen sie ein rebellisches, wildes Begehren hervor, da waren sie noch mit uns verbunden, wir gehörten zu ihnen und sie zu uns, wenn wir auch getrennt waren. Sie stiegen auf bei den Soldatenliedern, die wir sangen, wenn wir zwischen Morgenrot und schwarzen Waldsilhouetten zum Exerzieren nach der

Heide marschierten, sie waren eine heftige Erinnerung, die in uns war und aus uns kam.

Hier in den Gräben aber ist sie uns verlorengegangen. Sie steigt nicht mehr aus uns auf; – wir sind tot, und sie steht fern am Horizont, sie ist eine Erscheinung, ein rätselhafter Widerschein, der uns heimsucht, den wir fürchten und ohne Hoffnung lieben. Sie ist stark, und unser Begehren ist stark – aber sie ist unerreichbar, und wir wissen es. Sie ist ebenso vergeblich wie die Erwartung, General zu werden.

Und selbst wenn man sie uns wiedergäbe, diese Landschaft unserer Jugend, wir würden wenig mehr mit ihr anzufangen wissen. Die zarten und geheimen Kräfte, die von ihr zu uns gingen, können nicht wiedererstehen. Wir würden in ihr sein und in ihr umgehen; wir würden uns erinnern und sie lieben und bewegt sein von ihrem Anblick. Aber es wäre das gleiche, wie wenn wir nachdenklich werden vor der Fotografie eines toten Kameraden; es sind seine Züge, es ist sein Gesicht, und die Tage, die wir mit ihm zusammen waren, gewinnen ein trügerisches Leben in unserer Erinnerung; aber er ist es nicht selbst.

Wir würden nicht mehr verbunden sein mit ihr, wie wir es waren. Nicht die Erkenntnis ihrer Schönheit und ihrer Stimmung hat uns ja angezogen, sondern das Gemeinsame, dieses Gleichfühlen einer Brüderschaft mit den Dingen und Vorfällen unseres Seins, die uns abgrenzte und uns die Welt unserer Eltern immer etwas unverständlich machte; – denn wir waren irgendwie immer zärtlich an sie verloren und hingegeben, und das Kleinste mündete uns einmal immer in den Weg der Unendlichkeit. Vielleicht war es nur das

Vorrecht unserer Jugend – wir sahen noch keine Bezirke, und nirgendwo gaben wir ein Ende zu; wir hatten die Erwartung des Blutes, die uns eins machte mit dem Verlauf unserer Tage.

Heute würden wir in der Landschaft unserer Jugend umhergehen wie Reisende. Wir sind verbrannt von Tatsachen, wir kennen Unterschiede wie Händler und Notwendigkeiten wie Schlächter. Wir sind nicht mehr unbekümmert – wir sind fürchterlich gleichgültig. Wir würden da sein; aber würden wir leben?

Wir sind verlassen wie Kinder und erfahren wie alte Leute, wir sind roh und traurig und oberflächlich – ich glaube, wir sind verloren.

*

Meine Hände werden kalt, und meine Haut schauert; dabei ist es eine warme Nacht. Nur der Nebel ist kühl, dieser unheimliche Nebel, der die Toten vor uns beschleicht und ihnen das letzte, verkrochene Leben aussaugt. Morgen werden sie bleich und grün sein und ihr Blut gestockt und schwarz.

Immer noch steigen die Leuchtschirme empor und werfen ihr erbarmungsloses Licht über die versteinerte Landschaft, die voll Krater und Lichtkälte ist wie ein Mond. Das Blut unter meiner Haut bringt Furcht und Unruhe herauf in meine Gedanken. Sie werden schwach und zittern, sie wollen Wärme und Leben. Sie können es nicht aushalten ohne Trost und Täuschung, sie verwirren sich vor dem nackten Bilde der Verzweiflung.

Ich höre das Klappern von Kochgeschirren und habe sofort

das heftige Verlangen nach warmem Essen, es wird mir gut tun und mich beruhigen. Mit Mühe zwinge ich mich, zu warten, bis ich abgelöst werde.

Dann gehe ich in den Unterstand und finde einen Becher mit Graupen vor. Sie sind fett gekocht und schmecken gut, ich esse sie langsam. Aber ich bleibe still, obschon die andern besser gelaunt sind, weil das Feuer eingeschlafen ist.

*

Die Tage gehen hin, und jede Stunde ist unbegreiflich und selbstverständlich. Die Angriffe wechseln mit Gegenangriffen, und langsam häufen sich auf dem Trichterfeld zwischen den Gräben die Toten. Die Verwundeten, die nicht sehr weit weg liegen, können wir meistens holen. Manche aber müssen lange liegen, und wir hören sie sterben.

Einen suchen wir vergeblich zwei Tage hindurch. Er muß auf dem Bauche liegen und sich nicht mehr umdrehen können. Anders ist es nicht zu erklären, daß wir ihn nicht finden; denn nur wenn man mit dem Munde dicht auf dem Boden schreit, ist die Richtung so schwer festzustellen.

Er wird einen bösen Schuß haben, eine dieser schlimmen Verletzungen, die nicht so stark sind, daß sie den Körper rasch derart schwächen, daß man halb betäubt verdämmert, und auch nicht so leicht, daß man die Schmerzen mit der Aussicht ertragen kann, wieder heil zu werden. Kat meint, er hätte entweder eine Beckenzertrümmerung oder einen Wirbelsäulenschuß. Die Brust sei nicht verletzt, sonst besäße er nicht so viel Kraft zum Schreien. Man müßte ihn bei einer anderen Verletzung sich auch bewegen sehen.

Er wird allmählich heiser. Die Stimme ist so unglücklich im Klang, daß sie überall herkommen könnte. In der ersten Nacht sind dreimal Leute von uns draußen. Aber wenn sie glauben, die Richtung zu haben, und schon hinkriechen, ist die Stimme beim nächstenmal, wenn sie horchen, wieder ganz anderswo.

Bis in die Dämmerung hinein suchen wir vergeblich. Tagsüber wird das Gelände mit Gläsern durchforscht; nichts ist zu entdecken. Am zweiten Tag wird der Mann leiser; man merkt, daß die Lippen und der Mund vertrocknet sind.

Unser Kompanieführer hat dem, der ihn findet, Vorzugsurlaub und drei Tage Zusatz versprochen. Das ist ein mächtiger Anreiz, aber wir würden auch ohne das tun, was möglich ist; denn das Rufen ist furchtbar. Kat und Kropp gehen sogar nachmittags noch einmal vor. Albert wird das Ohrläppchen dabei abgeschossen. Es ist umsonst, sie haben ihn nicht bei sich.

Dabei ist deutlich zu verstehen, was er ruft. Zuerst hat er immer nur um Hilfe geschrien – in der zweiten Nacht muß er etwas Fieber haben, er spricht mit seiner Frau und seinen Kindern, wir können oft den Namen Elise heraushören. Heute weint er nur noch. Abends erlischt die Stimme zu einem Krächzen. Aber er stöhnt noch die ganze Nacht leise. Wir hören es so genau, weil der Wind auf unsern Graben zusteht. Morgens, als wir schon glauben, er habe längst Ruhe, dringt noch einmal ein gurgelndes Röcheln herüber –.

Die Tage sind heiß, und die Toten liegen unbeerdigt. Wir können sie nicht alle holen, wir wissen nicht, wohin wir mit ihnen sollen. Sie werden von den Granaten beerdigt. Manchen treiben die Bäuche auf wie Ballons. Sie zischen, rülpsen und bewegen sich. Das Gas rumort in ihnen.

Der Himmel ist blau und ohne Wolken. Abends wird es schwül, und die Hitze steigt aus der Erde. Wenn der Wind zu uns herüberweht, bringt er den Blutdunst mit, der schwer und widerwärtig süßlich ist, diesen Totenbrodem der Trichter, der aus Chloroform und Verwesung gemischt scheint und uns Übelkeiten und Erbrechen verursacht.

*

Die Nächte werden ruhig, und die Jagd auf die kupfernen Führungsringe der Granaten und die Seidenschirme der französischen Leuchtkugeln geht los. Weshalb die Führungsringe so begehrt sind, weiß eigentlich keiner recht. Die Sammler behaupten einfach, sie seien wertvoll. Es gibt Leute, die so viel davon mitschleppen, daß sie krumm und schief darunter gehen, wenn wir abrücken.

Haie gibt wenigstens einen Grund an; er will sie seiner Braut als Strumpfbänderersatz schicken. Darüber bricht bei den Friesen natürlich unbändige Heiterkeit aus; sie schlagen sich auf die Knie, das ist ein Witz, Donnerwetter, der Haie, der hat es hinter den Ohren. Besonders Tjaden kann sich gar nicht fassen; er hat den größten der Ringe in der Hand und steckt alle Augenblicke sein Bein hindurch, um zu zeigen, wieviel da noch frei ist. »Haie, Mensch, die muß ja Beine haben, Beine« – seine Gedanken klettern etwas höher –, »und einen Hintern muß die dann ja haben, wie – wie ein Elefant.«

Er kann sich nicht genug tun. »Mit der möchte ich mal Schinkenkloppen spielen, meine Fresse . . .«

Haie strahlt, weil seine Braut soviel Anerkennung findet, und äußert selbstzufrieden und knapp: »Stramm isse!«

Die Seidenschirme sind praktischer zu verwerten. Drei oder vier ergeben eine Bluse, je nach der Brustweite. Kropp und ich brauchen sie als Taschentücher. Die andern schikken sie nach Hause. Wenn die Frauen sehen könnten, mit wieviel Gefahr diese dünnen Lappen oft geholt werden, würden sie einen schönen Schreck kriegen.

Kat überrascht Tjaden, wie er von einem Blindgänger in aller Seelenruhe die Ringe abzuklopfen versucht. Bei jedem andern wäre das Ding explodiert, Tjaden hat wie stets Glück.

Einen ganzen Vormittag spielen zwei Schmetterlinge vor unserm Graben. Es sind Zitronenfalter, ihre gelben Flügel haben rote Punkte. Was mag sie nur hierher verschlagen haben; weit und breit ist keine Pflanze und keine Blume. Sie ruhen sich auf den Zähnen eines Schädels aus. Ebenso sorglos wie sie sind die Vögel, die sich längst an den Krieg gewöhnt haben. Jeden Morgen steigen Lerchen zwischen der Front auf. Vor einem Jahr konnten wir sogar brütende beobachten, die ihre Jungen auch hochbekamen.

Vor den Ratten haben wir Ruhe im Graben. Sie sind vorn – wir wissen, wozu. Sie werden fett; wo wir eine sehen, knallen wir sie weg. Nachts hören wir wieder das Rollen von drüben. Tagsüber haben wir nur das normale Feuer, so daß wir die Gräben ausbessern können. Unterhaltung ist ebenfalls da, die Flieger sorgen dafür. Täglich finden zahlreiche Kämpfe ihr Publikum.

Die Kampfflieger lassen wir uns gefallen, aber die Beobachtungsflugzeuge hassen wir wie die Pest; denn sie holen uns das Artilleriefeuer herüber. Ein paar Minuten nachdem sie erscheinen, funkt es von Schrapnells und Granaten. Dadurch verlieren wir elf Leute an einem Tag, darunter fünf Sanitäter. Zwei werden so zerschmettert, daß Tjaden meint, man könne sie mit dem Löffel von der Grabenwand abkratzen und im Kochgeschirr beerdigen. Einem andern wird der Unterleib mit den Beinen abgerissen. Er lehnt tot auf der Brust im Graben, sein Gesicht ist zitronengelb, zwischen dem Vollbart glimmt noch die Zigarette. Sie glimmt, bis sie auf den Lippen verzischt.

Wir legen die Toten vorläufig in einen großen Trichter. Es sind bis jetzt drei Lagen übereinander.

*

Plötzlich beginnt das Feuer nochmals zu trommeln. Bald sitzen wir wieder in der gespannten Starre des untätigen Wartens.

Angriff, Gegenangriff, Stoß, Gegenstoß – das sind Worte, aber was umschließen sie! Wir verlieren viele Leute, am meisten Rekruten. Auf unserem Abschnitt wird wieder Ersatz eingeschoben. Es ist eines der neuen Regimenter, fast lauter junge Leute der letzten ausgehobenen Jahrgänge. Sie haben kaum eine Ausbildung, nur theoretisch haben sie etwas üben können, ehe sie ins Feld rückten. Was eine Handgranate ist, wissen sie zwar, aber von Deckung haben sie wenig Ahnung, vor allen Dingen haben sie keinen Blick dafür. Eine Bodenwelle muß schon einen halben Meter hoch sein, ehe sie von ihnen gesehen wird.

Obschon wir notwendig Verstärkung brauchen, haben wir fast mehr Arbeit mit den Rekruten, als daß sie uns nützen. Sie sind hilflos in diesem schweren Angriffsgebiet und fallen wie die Fliegen. Der Stellungskampf von heute erfordert Kenntnisse und Erfahrungen, man muß Verständnis für das Gelände haben, man muß die Geschosse, ihre Geräusche und Wirkungen im Ohr haben, man muß vorausbestimmen können, wo sie einhauen, wie sie streuen und wie man sich schützt.

Dieser junge Ersatz weiß natürlich von alledem noch fast gar nichts. Er wird aufgerieben, weil er kaum ein Schrapnell von einer Granate unterscheiden kann, die Leute werden weggemäht, weil sie angstvoll auf das Heulen der ungefährlichen großen, weit hinten einhauenden Kohlenkästen lauschen und das pfeifende, leise Surren der flach zerspritzenden kleinen Biester überhören. Wie die Schafe drängen sie sich zusammen, anstatt auseinanderzulaufen, und selbst die Verwundeten werden noch wie Hasen von den Fliegern abgeknallt.

Die blassen Steckrübengesichter, die armselig gekrallten Hände, die jammervolle Tapferkeit dieser armen Hunde, die trotzdem vorgehen und angreifen, dieser braven, armen Hunde, die so verschüchtert sind, daß sie nicht laut zu schreien wagen und mit zerrissenen Brüsten und Bäuchen und Armen und Beinen leise nach ihrer Mutter wimmern und gleich aufhören, wenn man sie ansieht!

Ihre toten, flaumigen, spitzen Gesichter haben die entsetzliche Ausdruckslosigkeit gestorbener Kinder.

Es sitzt einem in der Kehle, wenn man sie ansieht, wie sie aufspringen und laufen und fallen. Man möchte sie verprügeln, weil sie so dumm sind, und sie auf die Arme nehmen und wegbringen von hier, wo sie nichts zu suchen haben. Sie tragen ihre grauen Röcke und Hosen und Stiefel, aber den meisten ist die Uniform zu weit, sie schlottert um die Glieder, die Schultern sind zu schmal, die Körper sind zu gering, es gab keine Uniformen, die für dieses Kindermaß eingerichtet waren.

Auf einen alten Mann fallen fünf bis zehn Rekruten. Ein überraschender Gasangriff rafft viele weg. Sie sind nicht dazu gelangt, zu ahnen, was ihrer wartete. Einen Unterstand voll finden wir mit blauen Köpfen und schwarzen Lippen. In einem Trichter haben sie die Masken zu früh losgemacht; sie wußten nicht, daß sich das Gas auf dem Grunde am längsten hält; als sie andere ohne Maske oben sahen, rissen sie sie auch ab und schluckten noch genug, um sich die Lungen zu verbrennen. Ihr Zustand ist hoffnungslos, sie würgen sich mit Blutstürzen und Erstikkungsanfällen zu Tode.

*

In einem Grabenstück sehe ich mich plötzlich Himmelstoß gegenüber. Wir ducken uns in demselben Unterstand. Atemlos liegt alles beieinander und wartet ab, bis der Vorstoß einsetzt.

Obschon ich sehr erregt bin, schießt mir beim Hinauslaufen doch noch der Gedanke durch den Kopf: Ich sehe Himmelstoß nicht mehr. Rasch springe ich in den Unterstand zurück und finde ihn, wie er in der Ecke liegt mit einem kleinen Streifschuß und den Verwundeten simuliert. Sein Gesicht ist wie verprügelt. Er hat einen Angstkoller, er ist ja auch noch neu hier. Aber es macht mich rasend, daß der junge Ersatz draußen ist und er hier.

»Raus!« fauche ich.

Er rührt sich nicht, die Lippen zittern, der Schnurrbart bebt.

»Raus!« wiederhole ich.

Er zieht die Beine an, drückt sich an die Wand und bleckt die Zähne wie ein Köter.

Ich fasse ihn am Arm und will ihn hochreißen. Er quäkt auf. Da gehen meine Nerven durch. Ich habe ihn am Hals, schüttele ihn wie einen Sack, daß der Kopf hin und her fliegt, und schreie ihm ins Gesicht: »Du Lump, willst du 'raus – du Hund, du Schinder, du willst dich drücken?« Er verglast, ich schleudere seinen Kopf gegen die Wand – »Du Vieh« – ich trete ihm in die Rippen – »Du Schwein« – ich stoße ihn vorwärts mit dem Kopf voran hinaus.

Eine neue Welle von uns kommt gerade vorbei. Ein Leutnant ist dabei. Er sieht uns und ruft: »Vorwärts, vorwärts, anschließen, anschließen –!« Und was meine Prügel nicht vermocht haben, das wirkte dieses Wort. Himmelstoß hört den Vorgesetzten, sieht sich erwachend um und schließt sich an.

Ich folge und sehe ihn springen. Er ist wieder der schneidige Himmelstoß des Kasernenhofes, er hat sogar den Leutnant eingeholt und ist weit voraus. –

*

Trommelfeuer, Sperrfeuer, Gardinenfeuer, Minen, Gas, Tanks, Maschinengewehre, Handgranaten – Worte, Worte, aber sie umfassen das Grauen der Welt.

Unsere Gesichter sind verkrustet, unser Denken ist verwüstet, wir sind todmüde; – wenn der Angriff kommt, müssen manche mit den Fäusten geschlagen werden, damit sie erwachen und mitgehen; – die Augen sind entzündet, die Hände zerrissen, die Knie bluten, die Ellbogen sind zerschlagen.

Vergehen Wochen – Monate – Jahre? Es sind nur Tage. – Wir sehen die Zeit neben uns schwinden in den farblosen Gesichtern der Sterbenden, wir löffeln Nahrung in uns hinein, wir laufen, wir werfen, wir schießen, wir töten, wir liegen herum, wir sind schwach und stumpf, und nur das hält uns, daß noch Schwächere, noch Stumpfere, noch Hilflosere da sind, die mit aufgerissenen Augen uns ansehen als Götter, die manchmal dem Tode entrinnen können.

In den wenigen Stunden der Ruhe unterweisen wir sie. »Da, siehst du den Wackeltopp? Das ist eine Mine, die kommt! Bleib liegen, sie geht drüben hin. Wenn sie aber so geht, dann reiß aus! Man kann vor ihr weglaufen.«
Wir machen ihre Ohren scharf auf das heimtückische Surren der kleinen Dinger, die man kaum vernimmt, sie sollen sie aus dem Krach herauskennen wie Mückensummen; – wir bringen ihnen bei, daß sie gefährlicher sind als die großen, die man lange vorher hört. Wir zeigen ihnen, wie man sich vor Fliegern verbirgt, wie man den toten Mann macht, wenn man vom Angriff überrannt wird, wie man Handgranaten abziehen muß, damit sie eine halbe Sekunde vor dem Aufschlag explodieren; – wir lehren sie, vor Granaten mit Aufschlagzündern blitzschnell in Trichter zu fallen, wir machen vor, wie man mit einem Bündel Handgranaten ei-

nen Graben aufrollt, wir erklären den Unterschied in der Zündungsdauer zwischen den gegnerischen Handgranaten und unseren, wir machen sie auf den Ton der Gasgranaten aufmerksam und zeigen ihnen die Kniffe, die sie vor dem Tode retten können. Sie hören zu, sie sind folgsam – aber wenn es wieder losgeht, machen sie es in der Aufregung meistens doch wieder falsch.

Haie Westhus wird mit abgerissenem Rücken fortgeschleppt; bei jedem Atemzug pulst die Lunge durch die Wunde. Ich kann ihm noch die Hand drücken; – »is alle, Paul«, stöhnt er und beißt sich vor Schmerz in die Arme.

Wir sehen Menschen leben, denen der Schädel fehlt; wir sehen Soldaten laufen, denen beide Füße weggefetzt sind; sie stolpern auf den splitternden Stümpfen bis zum nächsten Loch; ein Gefreiter kriecht zwei Kilometer weit auf den Händen und schleppt die zerschmetterten Knie hinter sich her; ein anderer geht zur Verbandsstelle, und über seine festhaltenden Hände quellen die Därme; wir sehen Leute ohne Mund, ohne Unterkiefer, ohne Gesicht; wir finden jemand, der mit den Zähnen zwei Stunden die Schlagader seines Armes klemmt, um nicht zu verbluten, die Sonne geht auf, die Nacht kommt, die Granaten pfeifen, das Leben ist zu Ende.

Doch das Stückchen zerwühlter Erde, in dem wir liegen, ist gehalten gegen die Übermacht, nur wenige hundert Meter sind preisgegeben worden. Aber auf jeden Meter kommt ein Toter.

*

Wir werden abgelöst. Die Räder rollen unter uns weg, wir stehen dumpf, und wenn der Ruf: »Achtung – Draht!« kommt, gehen wir in die Kniebeuge. Es war Sommer, als wir hier vorüberfuhren, die Bäume waren noch grün, jetzt sehen sie schon herbstlich aus, und die Nacht ist grau und feucht. Die Wagen halten, wir klettern hinunter, ein durcheinandergewürfelter Haufe, ein Rest von vielen Namen. An den Seiten, dunkel, stehen Leute und rufen die Nummern von Regimentern, von Kompanien aus. Und bei jedem Ruf sondert sich ein Häuflein ab, ein karges, geringes Häuflein schmutziger, fahler Soldaten, ein furchtbar kleines Häuflein und ein furchtbar kleiner Rest.

Nun ruft jemand die Nummer unserer Kompanie, es ist, man hört es, der Kompanieführer, er ist also davongekommen, sein Arm liegt in der Binde. Wir treten zu ihm hin, und ich erkenne Kat und Albert, wir stellen uns zusammen, lehnen uns aneinander und sehen uns an.

Und noch einmal und noch einmal hören wir unsere Nummer rufen. Er kann lange rufen, man hört ihn nicht in den Lazaretten und den Trichtern.

Noch einmal: »Zweite Kompanie hierher!«

Und dann leiser: »Niemand mehr zweite Kompanie?« Er schweigt und ist etwas heiser, als er fragt: »Das sind alle?« und befiehlt: »Abzählen!«

Der Morgen ist grau, es war noch Sommer, als wir hinausgingen, und wir waren hundertfünfzig Mann. Jetzt friert uns, es ist Herbst, die Blätter rascheln, die Stimmen flattern müde auf: »Eins – zwei – drei – vier –«, und bei zweiunddreißig schweigen sie. Und es schweigt lange, ehe die Stimme fragt: »Noch jemand?« – und wartet und dann leise

sagt: »In Gruppen –«, und doch abbricht und nur voll-
enden kann: »Zweite Kompanie –«, mühselig: »Zweite
Kompanie – ohne Tritt marsch!«
Eine Reihe, eine kurze Reihe tappt in den Morgen hinaus.
Zweiunddreißig Mann.

7

Man nimmt uns weiter als sonst zurück, in ein Feld-Rekru-
tendepot, damit wir dort neu zusammengestellt werden
können. Unsere Kompanie braucht über hundert Mann
Ersatz.

Einstweilen bummeln wir umher, wenn wir keinen Dienst
machen. Nach zwei Tagen kommt Himmelstoß zu uns.
Seine große Schnauze hat er verloren, seit er im Graben
war. Er schlägt vor, daß wir uns vertragen wollen. Ich bin
bereit, denn ich habe gesehen, daß er Haie Westhus, dem
der Rücken weggerissen wurde, mit fortgebracht hat. Da
er außerdem wirklich vernünftig redet, haben wir nichts
dabei, daß er uns in die Kantine einlädt. Nur Tjaden ist
mißtrauisch und reserviert.

Doch auch er wird gewonnen, denn Himmelstoß erzählt,
daß er den in Urlaub fahrenden Küchenbullen vertreten
soll. Als Beweis dafür rückt er sofort zwei Pfund Zucker
für uns und ein halbes Pfund Butter für Tjaden besonders
heraus. Er sorgt sogar dafür, daß wir für die nächsten drei
Tage in die Küche zum Kartoffel- und Steckrübenschälen
kommandiert werden. Das Essen, das er uns dort vorsetzt,
ist tadellose Offizierskost.

So haben wir im Augenblick wieder die beiden Dinge, die der Soldat zum Glück braucht: gutes Essen und Ruhe. Das ist wenig, wenn man es bedenkt. Vor ein paar Jahren noch hätten wir uns furchtbar verachtet. Jetzt sind wir fast zufrieden. Alles ist Gewohnheit, auch der Schützengraben.

Diese Gewohnheit ist der Grund dafür, daß wir scheinbar so rasch vergessen. Vorgestern waren wir noch im Feuer, heute machen wir Albernheiten und fechten uns durch die Gegend, morgen gehen wir wieder in den Graben. In Wirklichkeit vergessen wir nichts. Solange wir hier im Felde sein müssen, sinken die Fronttage, wenn sie vorbei sind, wie Steine in uns hinunter, weil sie zu schwer sind, um sofort darüber nachdenken zu können. Täten wir es, sie würden uns hinterher erschlagen; denn soviel habe ich schon gemerkt: Das Grauen läßt sich ertragen, solange man sich einfach duckt; aber es tötet, wenn man darüber nachdenkt.

Genau wie wir zu Tieren werden, wenn wir nach vorn gehen, weil es das einzige ist, was uns durchbringt, so werden wir zu oberflächlichen Witzbolden und Schlafmützen, wenn wir in Ruhe sind. Wir können gar nicht anders, es ist förmlich ein Zwang. Wir wollen leben um jeden Preis; da können wir uns nicht mit Gefühlen belasten, die für den Frieden dekorativ sein mögen, hier aber falsch sind. Kemmerich ist tot, Haie Westhus stirbt, mit dem Körper Hans Kramers werden sie am Jüngsten Tage Last haben, ihn aus einem Volltreffer zusammenzuklauben, Martens hat keine Beine mehr, Meyer ist tot, Marx ist tot, Beyer ist tot, Hämmerling ist tot, hundertzwanzig Mann liegen irgendwo mit Schüssen, es ist eine verdammte Sache, aber was geht es uns noch an, wir leben. Könnten wir sie retten, ja dann sollte man mal sehen, es wäre egal, ob wir selbst draufgingen, so würden wir loslegen; denn wir haben einen verfluchten Muck, wenn wir wollen; Furcht kennen wir nicht viel – Todesangst wohl, doch das ist etwas anderes, das ist körperlich.

Aber unsere Kameraden sind tot, wir können ihnen nicht helfen, sie haben Ruhe – wer weiß, was uns noch bevorsteht; wir wollen uns hinhauen und schlafen oder fressen, soviel wir in den Magen kriegen, und saufen und rauchen, damit die Stunden nicht öde sind. Das Leben ist kurz.

*

Das Grauen der Front versinkt, wenn wir ihm den Rücken kehren, wir gehen ihm mit gemeinen und grimmigen Witzen zuleibe; wenn jemand stirbt, dann heißt es, daß er den Arsch zugekniffen hat, und so reden wir über alles, das rettet uns vor dem Verrücktwerden, solange wir es so nehmen, leisten wir Widerstand.

Aber wir vergessen nicht! Was in den Kriegszeitungen steht über den goldenen Humor der Truppen, die bereits Tänzchen arrangieren, wenn sie kaum aus dem Trommelfeuer zurück sind, ist großer Quatsch. Wir tun das nicht, weil wir Humor haben, sondern wir haben Humor, weil wir sonst kaputt gehen. Die Kiste wird ohnehin nicht mehr allzulange halten, der Humor ist jeden Monat bitterer.

Und ich weiß: all das, was jetzt, solange wir im Kriege sind, versackt in uns wie ein Stein, wird nach dem Kriege wieder aufwachen, und dann beginnt erst die Auseinandersetzung auf Leben und Tod.

Die Tage, die Wochen, die Jahre hier vorn werden noch einmal zurückkommen, und unsere toten Kameraden werden dann aufstehen und mit uns marschieren, unsere Köpfe werden klar sein, wir werden ein Ziel haben, und so werden wir marschieren, unsere toten Kameraden neben uns, die Jahre der Front hinter uns: – gegen wen, gegen wen?

*

Hier in der Gegend war vor einiger Zeit ein Fronttheater. Auf einer Bretterwand kleben noch bunte Plakate von den Vorstellungen her. Mit großen Augen stehen Kropp und ich davor. Wir können nicht begreifen, daß es so etwas noch gibt. Da ist ein Mädchen in einem hellen Sommerkleid abgebildet, mit einem roten Lackgürtel um die Hüften. Sie stützt sich mit der einen Hand auf ein Geländer, mit der anderen hält sie einen Strohhut. Sie trägt weiße Strümpfe und weiße Schuhe, zierliche Spangenschuhe mit hohen Absätzen. Hinter ihr leuchtet die blaue See mit einigen Wogenkämmen, eine Bucht greift seitlich hell hinein. Es ist ein ganz herrliches Mädchen, mit einer schmalen Nase, mit roten Lippen und langen Beinen, unvorstellbar sauber und gepflegt, es badet gewiß zweimal am Tage und hat nie Dreck unter den Nägeln. Höchstens vielleicht mal ein bißchen Sand vom Strand.

Neben ihm steht ein Mann in weißer Hose, mit blauem Jakkett und Seglermütze, aber der interessiert uns viel weniger.

Das Mädchen auf der Bretterwand ist für uns ein Wunder. Wir haben ganz vergessen, daß es so etwas gibt, und auch jetzt noch trauen wir unseren Augen kaum. Seit Jahren jedenfalls haben wir nichts Derartiges gesehen, nichts nur entfernt Derartiges an Heiterkeit, Schönheit und Glück. Das ist der Frieden, so muß er sein, spüren wir erregt.

»Sieh dir nur diese leichten Schuhe an, darin könnte sie keinen Kilometer marschieren«, sage ich und komme mir gleich albern vor, denn es ist blödsinnig, bei einem solchen Bild an Marschieren zu denken.

»Wie alt mag sie sein?« fragt Kropp.

Ich schätze: »Allerhöchstens zweiundzwanzig, Albert.«

»Dann wäre sie ja älter als wir. Sie ist nicht mehr als siebzehn, sage ich dir!«

Eine Gänsehaut überläuft uns. »Albert, das wäre was, meinst du nicht?«

Er nickt. »Zu Hause habe ich auch eine weiße Hose.«

»Weiße Hose«, sage ich, »aber so ein Mädchen –«

Wir sehen an uns herunter, gegenseitig. Da ist nicht viel zu finden, eine ausgeblichene, geflickte, schmutzige Uniform bei jedem. Es ist hoffnungslos, sich zu vergleichen.

Zunächst einmal kratzen wir deshalb den jungen Mann mit der weißen Hose von der Bretterwand ab, vorsichtig, damit wir das Mädchen nicht beschädigen. Dadurch ist schon etwas erreicht. Dann schlägt Kropp vor: »Wir könnten uns mal entlausen lassen.«

Ich bin nicht ganz einverstanden, denn die Sachen leiden darunter, aber die Läuse hat man nach zwei Stunden wieder. Doch nachdem wir uns wieder in das Bild vertieft haben, erkläre ich mich bereit. Ich gehe sogar noch weiter.

»Könnten auch mal sehen, ob wir nicht ein reines Hemd zu fassen kriegen –«

Albert meint aus irgendeinem Grunde: »Fußlappen wären noch besser.«

»Vielleicht auch Fußlappen. Wir wollen mal ein bißchen spekulieren gehen.«

Doch da schlendern Leer und Tjaden heran; sie sehen das Plakat, und im Handumdrehen wird die Unterhaltung ziemlich schweinisch. Leer war in unserer Klasse der erste, der ein Verhältnis hatte und davon aufregende Einzelheiten erzählte. Er begeistert sich in seiner Weise an dem Bilde, und Tjaden stimmt mächtig ein.

Es ekelt uns nicht gerade an. Wer nicht schweinigelt, ist kein Soldat; nur liegt es uns im Moment nicht ganz, deshalb schlagen wir uns seitwärts und marschieren der Entlausungsanstalt zu mit einem Gefühl, als sei sie ein feines Herrenmodengeschäft.

*

Die Häuser, in denen wir Quartier haben, liegen nahe am Kanal. Jenseits des Kanals sind Teiche, die von Pappelwäldern umstanden sind; – jenseits des Kanals sind auch Frauen.

Die Häuser auf unserer Seite sind geräumt worden. Auf der andern jedoch sieht man ab und zu noch Bewohner.

Abends schwimmen wir. Da kommen drei Frauen am Ufer entlang. Sie gehen langsam und sehen nicht weg, obschon wir keine Badehosen tragen.

Leer ruft zu ihnen hinüber. Sie lachen und bleiben stehen, um uns zuzuschauen. Wir werfen ihnen in gebrochenem Französisch Sätze zu, die uns gerade einfallen, alles durcheinander, eilig, damit sie nicht fortgehen. Es sind nicht gerade feine Sachen, aber wo sollen wir die auch herhaben.

Eine Schmale, Dunkle ist dabei. Man sieht ihre Zähne schimmern, wenn sie lacht. Sie hat rasche Bewegungen, der Rock schlägt locker um ihre Beine. Obschon das Wasser kalt ist, sind wir mächtig aufgeräumt und bestrebt, sie zu interessieren, damit sie bleiben. Wir versuchen Witze, und sie antworten, ohne daß wir sie verstehen; wir lachen und winken. Tjaden ist vernünftiger. Er läuft ins Haus, holt ein Kommißbrot und hält es hoch.

Das erzielt großen Erfolg. Sie nicken und winken, daß wir hinüberkommen sollen. Aber das dürfen wir nicht. Es ist verboten, das jenseitige Ufer zu betreten. Überall stehen Posten an den Brücken. Ohne Ausweis ist nichts zu machen. Wir dolmetschen deshalb, sie möchten zu uns kommen; aber sie schütteln die Köpfe und zeigen auf die Brükken. Man läßt auch sie nicht durch.

Sie kehren um, langsam gehen sie den Kanal aufwärts, immer am Ufer entlang. Wir begleiten sie schwimmend. Nach einigen hundert Metern biegen sie ab und zeigen auf ein Haus, das abseits aus Bäumen und Gebüsch herauslugt. Leer fragt, ob sie dort wohnen.

Sie lachen – ja, dort sei ihr Haus.

Wir rufen ihnen zu, daß wir kommen wollen, wenn uns die Posten nicht sehen können. Nachts. Diese Nacht.

Sie heben die Hände, legen sie flach zusammen, die Gesichter darauf, und schließen die Augen. Sie haben verstanden. Die Schmale, Dunkle macht Tanzschritte. Eine Blonde zwitschert: »Brot – gut –«

Wir bestätigen eifrig, daß wir es mitbringen werden. Auch

noch andere schöne Sachen, wir rollen die Augen und zeigen sie mit den Händen. Leer ersäuft fast, als er »ein Stück Wurst« klarmachen will. Wenn es notwendig wäre, würden wir ihnen ein ganzes Proviantdepot versprechen. Sie gehen und wenden sich noch oft um. Wir klettern an das Ufer auf unserer Seite und achten darauf, ob sie auch in das Haus gehen, denn es kann ja sein, daß sie schwindeln. Dann schwimmen wir zurück.

Ohne Ausweis darf niemand über die Brücke, deshalb werden wir einfach nachts hinüberschwimmen. Die Erregung packt uns und läßt uns nicht los. Wir können es nicht an einem Fleck aushalten und gehen zur Kantine. Dort gibt es gerade Bier und eine Art Punsch.

Wir trinken Punsch und lügen uns phantastische Erlebnisse vor. Jeder glaubt dem andern gern und wartet ungeduldig, um noch dicker aufzutrumpfen. Unsere Hände sind unruhig, wir paffen ungezählte Zigaretten, bis Kropp sagt: »Eigentlich könnten wir ihnen auch ein paar Zigaretten mitbringen.« Da legen wir sie in unsere Mützen und bewahren sie auf.

Der Himmel wird grün wie ein unreifer Apfel. Wir sind zu viert, aber drei können nur mit; deshalb müssen wir Tjaden loswerden und geben Rum und Punsch für ihn aus, bis er torkelt. Als es dunkel wird, gehen wir unsern Häusern zu. Tjaden in der Mitte. Wir glühen und sind von Abenteuerlust erfüllt. Für mich ist die Schmale, Dunkle, das haben wir verteilt und ausgemacht.

Tjaden fällt auf seinen Strohsack und schnarcht. Einmal wacht er auf und grinst uns so listig an, daß wir schon erschrecken und glauben, er habe gemogelt, und der ausgegebene Punsch sei umsonst gewesen. Dann fällt er zurück und schläft weiter.

Jeder von uns dreien legt ein ganzes Kommißbrot bereit und wickelt es in Zeitungspapier. Die Zigaretten packen wir dazu, außerdem noch drei gute Portionen Leberwurst, die wir heute abend empfangen haben. Das ist ein anständiges Geschenk.

Vorläufig stecken wir die Sachen in unsere Stiefel; denn Stiefel müssen wir mitnehmen, damit wir drüben auf dem andern Ufer nicht in Draht und Scherben treten. Da wir vorher schwimmen müssen, können wir weiter keine Kleider brauchen. Es ist ja auch dunkel und nicht weit.

Wir brechen auf, die Stiefel in den Händen. Rasch gleiten wir ins Wasser, legen uns auf den Rücken, schwimmen und halten die Stiefel mit dem Inhalt über unsere Köpfe.

Am andern Ufer klettern wir vorsichtig hinauf, nehmen die Pakete heraus und ziehen die Stiefel an. Die Sachen klemmen wir unter die Arme. So setzen wir uns, naß, nackt, nur mit Stiefeln bekleidet, in Trab. Wir finden das Haus sofort. Es liegt dunkel in den Büschen. Leer fällt über eine Wurzel und schrammt sich die Ellbogen. »Macht nichts«, sagt er fröhlich.

Vor den Fenstern sind Läden. Wir umschleichen das Haus und versuchen, durch die Ritzen zu spähen. Dann werden wir ungeduldig. Kropp zögert plötzlich. »Wenn nun ein Major drinnen bei ihnen ist?«

»Dann kneifen wir eben aus«, grinst Leer, »er kann unsere Regimentsnummer ja hier lesen«, und klatscht sich auf den Hintern.

Die Haustür ist offen. Unsere Stiefel machen ziemlichen

Lärm. Eine Tür öffnet sich, Licht fällt hindurch, eine Frau stößt erschreckt einen Schrei aus. Wir machen »Pst, pst – camerade – bon ami –« und heben beschwörend unsere Pakete hoch.

Die andern beiden sind jetzt auch sichtbar, die Tür öffnet sich ganz, und das Licht bestrahlt uns. Wir werden erkannt, und alle drei lachen unbändig über unsern Aufzug. Sie biegen und beugen sich im Türrahmen, so müssen sie lachen. Wie geschmeidig sie sich bewegen!

»Un moment –.« Sie verschwinden und werfen uns Zeugstücke zu, die wir uns notdürftig umwickeln. Dann dürfen wir eintreten. Eine kleine Lampe brennt im Zimmer, es ist warm und riecht etwas nach Parfüm. Wir packen unsere Pakete aus und übergeben sie ihnen. Ihre Augen glänzen, man sieht, daß sie Hunger haben.

Dann werden wir alle etwas verlegen. Leer macht die Gebärde des Essens. Da kommt wieder Leben hinein, sie holen Teller und Messer und fallen über die Sachen her. Bei jedem Scheibchen Leberwurst heben sie, ehe sie es essen, das Stück zuerst bewundernd in die Höhe, und wir sitzen stolz dabei.

Sie übersprudeln uns mit ihrer Sprache – wir verstehen nicht viel, aber wir hören, daß es freundliche Worte sind. Vielleicht sehen wir auch sehr jung aus. Die Schmale, Dunkle, streicht mir über das Haar und sagt, was alle französischen Frauen immer sagen: »La guerre – grand malheur – pauvres garçons –«

Ich halte ihren Arm fest und lege meinen Mund in ihre Handfläche. Die Finger umschließen mein Gesicht. Dicht über mir sind ihre erregenden Augen, das sanfte Braun der

Haut und die roten Lippen. Der Mund spricht Worte, die ich nicht verstehe. Ich verstehe auch die Augen nicht ganz, sie sagen mehr, als wir erwarteten, da wir hierher kamen.

Es sind Zimmer nebenan. Im Gehen sehe ich Leer, er ist mit der Blonden handfest und laut. Er kennt das ja auch. Aber ich – ich bin verloren an ein Fernes, Leises und Ungestümes und vertraue mich ihm an. Meine Wünsche sind sonderbar gemischt aus Verlangen und Versinken. Mir wird schwindelig, es ist nichts hier, woran man sich noch halten könnte. Unsere Stiefel haben wir vor der Tür gelassen, man hat uns Pantoffeln dafür gegeben, und nun ist nichts mehr da, was mir die Sicherheit und Frechheit des Soldaten zurückruft: kein Gewehr, kein Koppel, kein Waffenrock, keine Mütze. Ich lasse mich fallen ins Ungewisse, mag geschehen, was will – denn ich habe etwas Angst, trotz allem.

Die Schmale, Dunkle bewegt die Brauen, wenn sie nachdenkt; aber sie sind still, wenn sie spricht. Manchmal auch wird der Laut nicht ganz zum Wort und erstickt oder schwingt halbfertig über mich weg; ein Bogen, eine Bahn, ein Komet. Was habe ich davon gewußt – was weiß ich davon? – Die Worte dieser fremden Sprache, von der ich kaum etwas begreife, sie schläfern mich ein zu einer Stille, in der das Zimmer braun und halb beglänzt verschwimmt und nur das Antlitz über mir lebt und klar ist.

Wie vielfältig ist ein Gesicht, wenn es fremd war noch vor einer Stunde und jetzt geneigt ist zu einer Zärtlichkeit, die nicht aus ihm kommt, sondern aus der Nacht, der Welt und dem Blut, die in ihm zusammenzustrahlen scheinen. Die Dinge des Raumes werden davon angerührt und verwan-

delt, sie werden besonders, und vor meiner hellen Haut
habe ich beinahe Ehrfurcht, wenn der Schein der Lampe
darauf liegt und die kühle braune Hand darüberstreicht.

Wie anders ist dies alles als die Dinge in den Mannschaftsbordells, zu denen wir Erlaubnis haben und wo in langer
Reihe angestanden wird. Ich möchte nicht an sie denken;
aber sie gehen mir unwillkürlich durch den Sinn, und ich
erschrecke, denn vielleicht kann man so etwas nie mehr loswerden.

Dann aber fühle ich die Lippen der Schmalen, Dunklen,
und dränge mich ihnen entgegen, ich schließe die Augen
und möchte alles damit auslöschen, Krieg und Grauen und
Gemeinheit, um jung und glücklich zu erwachen; ich denke
an das Bild des Mädchens auf dem Plakat und glaube einen
Augenblick, daß mein Leben davon abhängt, es zu gewinnen. – Und um so tiefer presse ich mich in die Arme, die
mich umfassen, vielleicht geschieht ein Wunder.

– –

Irgendwie finden wir uns alle nachher wieder zusammen.
Leer ist sehr forsch. Wir verabschieden uns herzlich und
schlüpfen in unsere Stiefel. Die Nachtluft kühlt unsere heißen Körper. Groß ragen die Pappeln in das Dunkel und
rauschen. Der Mond steht am Himmel und im Wasser des
Kanals. Wir laufen nicht, wir gehen nebeneinander mit langen Schritten.

Leer sagt: »Das war ein Kommißbrot wert!«

Ich kann mich nicht entschließen zu sprechen, ich bin gar
nicht einmal froh.

Da hören wir Schritte und ducken uns hinter einen Busch.

Die Schritte kommen näher, dicht an uns vorbei. Wir sehen einen nackten Soldaten, in Stiefeln, genau wie wir, er hat ein Paket unter dem Arm und sprengt im Galopp vorwärts. Es ist Tjaden in großer Fahrt. Schon ist er verschwunden. Wir lachen. Morgen wird er schimpfen.

Unbemerkt gelangen wir zu unseren Strohsäcken.

*

Ich werde zur Schreibstube gerufen. Der Kompanieführer gibt mir Urlaubsschein und Fahrschein und wünscht mir gute Reise. Ich sehe nach, wieviel Urlaub ich habe. Siebzehn Tage – vierzehn sind Urlaub, drei Reisetage. Es ist zuwenig, und ich frage, ob ich nicht fünf Reisetage haben kann. Bertinck zeigt auf meinen Schein. Da sehe ich erst, daß ich nicht sofort zur Front zurückkomme. Ich habe mich nach Ablauf des Urlaubs noch zum Kursus im Heidelager zu melden.

Die anderen beneiden mich. Kat gibt mir gute Ratschläge, wie ich versuchen soll, Druckpunkt zu nehmen. »Wenn du gerissen bist, bleibst du da hängen.«

Es wäre mir eigentlich lieber gewesen, wenn ich erst in acht Tagen hätte fahren brauchen; denn so lange sind wir noch hier, und hier ist es ja gut. –

Natürlich muß ich in der Kantine einen ausgeben. Wir sind alle ein bißchen angetrunken. Ich werde trübselig; es sind sechs Wochen, die ich fortbleiben werde, das ist natürlich ein mächtiges Glück, aber wie wird es sein, wenn ich zurückkomme? Werde ich sie hier noch alle wiedertreffen? Haie und Kemmerich sind schon nicht mehr da – wer wird der nächste sein?

Wir trinken, und ich sehe einen nach dem andern an. Albert sitzt neben mir und raucht, er ist munter, wir sind immer zusammen gewesen; – gegenüber hockt Kat mit den abfallenden Schultern, dem breiten Daumen und der ruhigen Stimme, Müller mit den vorstehenden Zähnen und dem bellenden Lachen; – Tjaden mit den Mauseaugen; – Leer, der sich einen Vollbart stehen läßt und ausschaut wie vierzig.

Über unsern Köpfen schwebt dicker Qualm. Was wäre der Soldat ohne Tabak! Die Kantine ist eine Zuflucht, Bier ist mehr als ein Getränk, es ist ein Zeichen, daß man gefahrlos die Glieder dehnen und recken darf. Wir tun es auch ordentlich, die Beine haben wir lang von uns gestreckt, und wir spucken gemütlich in die Gegend, daß es nur so eine Art hat. Wie einem das alles vorkommt, wenn man morgen abreist!

Nachts sind wir noch einmal jenseits des Kanals. Ich habe beinahe Furcht, der Schmalen, Dunklen zu sagen, daß ich fortgehe und daß, wenn ich zurückkehre, wir sicher irgendwo weiter sind; daß wir uns also nicht wiedersehen werden. Aber sie nickt nur und läßt nicht allzuviel merken. Ich kann das erst gar nicht recht verstehen, dann aber begreife ich. Leer hat schon recht: wäre ich an die Front gegangen, dann hätte es wieder geheißen: »pauvre garçon«; aber ein Urlauber – davon wollen sie nicht viel wissen, das ist nicht so interessant. Mag sie zum Teufel gehen mit ihrem Gesumm und Gerede. Man glaubt an Wunder, und nachher sind es Kommißbrote.

Am nächsten Morgen, nachdem ich entlaust bin, marschiere ich zur Feldbahn. Albert und Kat begleiten mich.

Wir hören an der Haltestelle, daß es wohl noch ein paar Stunden dauern wird bis zur Abfahrt. Die beiden müssen zum Dienst zurück. Wir nehmen Abschied.

»Mach's gut, Kat; mach's gut, Albert.«

Sie gehen und winken noch ein paarmal. Ihre Gestalten werden kleiner. Mir ist jeder Schritt, jede Bewegung an ihnen vertraut, ich würde sie weithin schon daran erkennen. Dann sind sie verschwunden.

Ich setze mich auf meinen Tornister und warte.

Plötzlich bin ich von rasender Ungeduld erfüllt, fortzukommen.

*

Ich liege auf manchem Bahnhof; ich stehe vor manchem Suppenkessel; ich hocke auf mancher Holzplanke; dann aber wird die Landschaft draußen beklemmend, unheimlich und bekannt. An den abendlichen Fenstern gleitet sie vorüber, mit Dörfern, in denen Strohdächer wie Mützen tief über gekalkte Fachwerkhäuser gezogen sind, mit Kornfeldern, die wie Perlmutter im schrägen Licht schimmern, mit Obstgärten und Scheunen und alten Linden.

Die Namen der Stationen werden zu Begriffen, bei denen mein Herz zittert. Der Zug stampft und stampft, ich stehe am Fenster und halte mich an den Rahmenhölzern fest. Diese Namen umgrenzen meine Jugend.

Flache Wiesen, Felder, Höfe; ein Gespann zieht einsam vor dem Himmel über den Weg, der parallel zum Horizont läuft. Eine Schranke, vor der Bauern warten, Mädchen, die winken, Kinder, die am Bahndamm spielen, Wege, die ins Land führen, glatte Wege, ohne Artillerie.

Es ist Abend, und wenn der Zug nicht stampfte, müßte ich schreien. Die Ebene entfaltet sich groß, in schwachem Blau beginnt in der Ferne die Silhouette der Bergränder aufzusteigen. Ich erkenne die charakteristische Linie des Dolbenberges, diesen gezackten Kamm, der jäh abbricht, wo der Scheitel des Waldes aufhört. Dahinter muß die Stadt kommen.

Aber nun fließt das goldrote Licht verschwimmend über die Welt, der Zug rattert durch eine Kurve und noch eine – und unwirklich, verweht, dunkel stehen die Pappeln darin, weit weg, hintereinander in langer Reihe, gebildet aus Schatten, Licht und Sehnsucht.

Das Feld dreht sich mit ihnen langsam vorbei; der Zug umgeht sie, die Zwischenräume verringern sich, sie werden ein Block, und einen Augenblick sehe ich nur eine einzige; dann schieben sich die anderen wieder hinter der vordersten heraus, und sie sind noch lange allein am Himmel, bis sie von den ersten Häusern verdeckt werden.

Ein Bahnübergang. Ich stehe am Fenster, ich kann mich nicht trennen. Die andern bereiten ihre Sachen zum Aussteigen vor. Ich spreche den Namen der Straße, die wir überqueren, vor mich hin, Bremer Straße – Bremer Straße –

Radfahrer, Wagen, Menschen sind da unten; es ist eine graue Straße und eine graue Unterführung; – sie ergreift mich, als wäre sie meine Mutter.

Dann hält der Zug, und der Bahnhof ist da mit Lärm, Rufen und Schildern. Ich packe meinen Tornister auf und mache die Haken fest, ich nehme mein Gewehr in die Hand und stolpere die Tritte hinunter.

Auf dem Perron sehe ich mich um; ich kenne niemand von den Leuten, die da hasten. Eine Rote-Kreuz-Schwester bietet mir etwas zu trinken an. Ich wende mich ab, sie lächelt mich zu albern an, so durchdrungen von ihrer Wichtigkeit: Seht nur, ich gebe einem Soldaten Kaffee. – Sie sagt zu mir »Kamerad«, das hat mir gerade gefehlt. Draußen vor dem Bahnhof aber rauscht der Fluß neben der Straße, er zischt weiß aus den Schleusen der Mühlenbrücke hervor. Der viereckige alte Wartturm steht daran, und vor ihm die große bunte Linde, und dahinter der Abend.

Hier haben wir gesessen, oft – wie lange ist das her –; über diese Brücke sind wir gegangen und haben den kühlen, fauligen Geruch des gestauten Wassers eingeatmet; wir haben uns über die ruhige Flut diesseits der Schleuse gebeugt, in der grüne Schlinggewächse und Algen an den Brückenpfeilern hingen; – und wir haben uns jenseits der Schleuse an heißen Tagen über den spritzenden Schaum gefreut und von unseren Lehrern geschwätzt.

Ich gehe über die Brücke, ich schaue rechts und links; das Wasser ist immer noch voll Algen, und es schießt immer noch in hellem Bogen herab; – im Turmgebäude stehen die Plätterinnen wie damals mit bloßen Armen vor der weißen Wäsche, und die Hitze der Bügeleisen strömt aus den offenen Fenstern. Hunde trotten durch die schmale Straße, vor den Haustüren stehen Menschen und sehen mir nach, wie ich schmutzig und bepackt vorübergehe.

In dieser Konditorei haben wir Eis gegessen und uns im Zigarettenrauchen geübt. In dieser Straße, die an mir vorübergleitet, kenne ich jedes Haus, das Kolonialwarengeschäft, die Drogerie, die Bäckerei. Und dann stehe ich vor der braunen Tür mit der abgegriffenen Klinke, und die Hand wird mir schwer.

Ich öffne sie; die Kühle kommt mir wunderlich entgegen, sie macht meine Augen unsicher.

Unter meinen Stiefeln knarrt die Treppe. Oben klappt eine Tür, jemand blickt über das Geländer. Es ist die Küchentür, die geöffnet wurde, sie backen dort gerade Kartoffelpuffer, das Haus riecht danach, heute ist ja auch Sonnabend, und es wird meine Schwester sein, die sich herunterbeugt. Ich schäme mich einen Augenblick und senke den Kopf, dann nehme ich den Helm ab und sehe hinauf. Ja, es ist meine älteste Schwester.

»Paul!« ruft sie. »Paul –!«

Ich nicke, mein Tornister stößt gegen das Geländer, mein Gewehr ist so schwer.

Sie reißt eine Tür auf und ruft: »Mutter, Mutter, Paul ist da.«

Ich kann nicht mehr weitergehen. Mutter, Mutter, Paul ist da.

Ich lehne mich an die Wand und umklammere meinen Helm und mein Gewehr. Ich umklammere sie, so fest es geht, aber ich kann keinen Schritt mehr machen, die Treppe verschwimmt vor meinen Augen, ich stoße mir den Kolben auf die Füße und presse zornig die Zähne zusammen, aber ich kann nicht gegen dieses eine Wort an, das meine Schwester gerufen hat, nichts kann dagegen an, ich quäle mich gewaltsam, zu lachen und zu sprechen, aber ich bringe kein Wort hervor, und so stehe ich auf der Treppe, unglücklich, hilflos, in einem furchtbaren Krampf, und will nicht, und die Tränen laufen mir immer nur so über das Gesicht.

Meine Schwester kommt zurück und fragt: »Was hast du denn?«

Da raffe ich mich zusammen und stolpere zum Vorplatz hinauf. Mein Gewehr lehne ich in eine Ecke, den Tornister stelle ich gegen die Wand, und den Helm packe ich darauf. Auch das Koppel mit den Sachen daran muß fort. Dann sage ich wütend: »So gib doch endlich ein Taschentuch her!«

Sie gibt mir eins aus dem Schrank, und ich wische mir das Gesicht ab. Über mir an der Wand hängt der Glaskasten mit bunten Schmetterlingen, die ich früher gesammelt habe.

Nun höre ich die Stimme meiner Mutter. Sie kommt aus dem Schlafzimmer.

»Ist sie nicht auf?« frage ich meine Schwester.

»Sie ist krank –«, antwortet sie.

Ich gehe hinein zu ihr, gebe ihr die Hand und sage, so ruhig ich kann: »Da bin ich, Mutter.«

Sie liegt im Halbdunkel. Dann fragt sie angstvoll, und ich fühle, wie ihr Blick mich abtastet: »Bist du verwundet?«

»Nein, ich habe Urlaub.«

Meine Mutter ist sehr blaß. Ich scheue mich, Licht zu machen. »Da liege ich nun und weine«, sagt sie, »anstatt mich zu freuen.«

»Bist du krank, Mutter?« frage ich

»Ich werde heute etwas aufstehen«, sagt sie und wendet sich zu meiner Schwester, die immer auf einen Sprung in die Küche muß, damit ihr das Essen nicht anbrennt: »Mach auch das Glas mit den eingemachten Preiselbeeren auf, – das ißt du doch gern?« fragt sie mich.

»Ja, Mutter, das habe ich lange nicht gehabt.«

»Als ob wir es geahnt hätten, daß du kommst«, lacht meine Schwester, »gerade dein Lieblingsessen, Kartoffelpuffer, und jetzt sogar mit Preiselbeeren.«

»Es ist ja auch Sonnabend«, antworte ich.

»Setz dich zu mir«, sagt meine Mutter.

Sie sieht mich an. Ihre Hände sind weiß und kränklich und schmal gegen meine. Wir sprechen nur einige Worte, und ich bin ihr dankbar dafür, daß sie nichts fragt. Was soll ich auch sagen: Alles, was möglich war, ist ja geschehen. Ich bin heil herausgelangt und sitze neben ihr. Und in der Küche steht meine Schwester und macht das Abendbrot und singt dazu.

»Mein lieber Junge«, sagt meine Mutter leise.

Wir sind nie sehr zärtlich in der Familie gewesen, das ist nicht üblich bei armen Leuten, die viel arbeiten müssen und Sorgen haben. Sie können das auch nicht so verstehen, sie beteuern nicht gern etwas öfter, was sie ohnehin wissen. Wenn meine Mutter zu mir »lieber Junge« sagt, so ist das so viel, als wenn eine andere wer weiß was anstellt. Ich weiß bestimmt, daß das Glas mit Preiselbeeren das einzige ist seit Monaten und daß sie es aufbewahrt hat für mich, ebenso wie die schon alt schmeckenden Kekse, die sie mir jetzt gibt. Sie hat sicher bei einer günstigen Gelegenheit einige erhalten und sie gleich zurückgelegt für mich.

Ich sitze an ihrem Bett, und durch das Fenster funkeln in Braun und Gold die Kastanien des gegenüberliegenden Wirtsgartens. Ich atme langsam ein und aus und sage mir: »Du bist zu Hause, du bist zu Hause.« Aber eine Befangenheit will nicht von mir weichen, ich kann mich noch nicht in alles hineinfinden. Da ist meine Mutter, da ist meine Schwester, da mein Schmetterlingskasten und da das Mahagoniklavier – aber ich bin noch nicht ganz da. Es sind ein Schleier und ein Schritt dazwischen.

Deshalb gehe ich jetzt, hole meinen Tornister ans Bett und packe aus, was ich mitgebracht habe: einen ganzen Edamer Käse, den Kat mir besorgt hat, zwei Kommißbrote, dreiviertel Pfund Butter, zwei Büchsen Leberwurst, ein Pfund Schmalz und ein Säckchen Reis.

»Das könnt ihr sicher gebrauchen –«

Sie nicken. »Hier ist es wohl schlecht damit?« erkundige ich mich.

»Ja, es gibt nicht viel. Habt ihr denn draußen genug?«

Ich lächele und zeige auf die mitgebrachten Sachen. »So viel ja nun nicht immer, aber es geht doch einigermaßen.«

Erna bringt die Lebensmittel fort. Meine Mutter nimmt plötzlich heftig meine Hand und fragt stockend: »War es sehr schlimm draußen, Paul?«

Mutter, was soll ich dir darauf antworten! Du wirst es nicht verstehen und nie begreifen. Du sollst es auch nie begreifen. War es schlimm, fragst du. – Du, Mutter. – Ich schüttele den Kopf und sage: »Nein, Mutter, nicht so sehr. Wir sind ja mit vielen zusammen, da ist es nicht so schlimm.«

»Ja, aber kürzlich war Heinrich Bredemeyer hier, der erzählte, es wäre jetzt furchtbar draußen, mit dem Gas und all dem andern.«

Es ist meine Mutter, die das sagt. Sie sagt: mit dem Gas und all dem andern. Sie weiß nicht, was sie spricht, sie hat nur Angst um mich. Soll ich ihr erzählen, daß wir einmal drei gegnerische Gräben fanden, die erstarrt waren in ihrer

Haltung, wie vom Schlag getroffen? Auf den Brustwehren, in den Unterständen, wo sie gerade waren, standen und lagen die Leute mit blauen Gesichtern, tot.

»Ach, Mutter, was so geredet wird«, antworte ich, »der Bredemeyer erzählt nur so etwas dahin. Du siehst ja, ich bin heil und dick –«

An der zitternden Sorge meiner Mutter finde ich meine Ruhe wieder. Jetzt kann ich schon umhergehen und sprechen und Rede stehen, ohne Furcht, mich plötzlich an die Wand lehnen zu müssen, weil die Welt weich wird wie Gummi und die Adern mürbe wie Zunder.

Meine Mutter will aufstehen, ich gehe solange in die Küche zu meiner Schwester. »Was hat sie?« frage ich. Sie zuckt die Achseln: »Sie liegt schon ein paar Monate, wir sollten es dir aber nicht schreiben. Es sind mehrere Ärzte bei ihr gewesen. Einer sagte, es wäre wohl wieder Krebs.«

*

Ich gehe zum Bezirkskommando, um mich anzumelden. Langsam wandere ich durch die Straßen. Hier und da spricht mich jemand an. Ich halte mich nicht lange auf, denn ich will nicht so viel reden.

Als ich aus der Kaserne zurückkomme, ruft mich eine laute Stimme an. Ich drehe mich um, ganz in Gedanken, und stehe einem Major gegenüber. Er fährt mich an: »Können Sie nicht grüßen?«

»Entschuldigen Herr Major«, sage ich verwirrt, »ich habe Sie nicht gesehen.«

Er wird noch lauter: »Können Sie sich auch nicht vernünftig ausdrücken?«

Ich möchte ihm ins Gesicht schlagen, beherrsche mich aber, denn sonst ist mein Urlaub hin, nehme die Knochen zusammen und sage: »Ich habe Herrn Major nicht gesehen.«

»Dann passen Sie gefälligst auf!« schnauzt er. »Wie heißen Sie?«

Ich rapportiere.

Sein rotes, dickes Gesicht ist immer noch empört. »Truppenteil?«

Ich melde vorschriftsmäßig. Er hat immer noch nicht genug. »Wo liegen Sie?«

Aber ich habe jetzt genug und sage: »Zwischen Langemark und Bixschoote.«

»Wieso?« fragt er etwas verblüfft.

Ich erkläre ihm, daß ich vor einer Stunde auf Urlaub gekommen sei, und denke, daß er jetzt abtrudeln wird. Aber ich irre mich. Er wird sogar noch wilder: »Das könnte Ihnen wohl so passen, hier Frontsitten einzuführen, was? Das gibt's nicht! Hier herrscht Gott sei Dank Ordnung!« Er kommandiert: »Zwanzig Schritt zurück, marsch, marsch!«

In mir sitzt die dumpfe Wut. Aber ich kann nichts gegen ihn machen, er läßt mich sofort festnehmen, wenn er will. So spritze ich zurück, gehe vor und zucke sechs Meter vor ihm zu einem zackigen Gruß zusammen, den ich erst wegnehme, als ich sechs Meter hinter ihm bin.

Er ruft mich wieder heran und gibt mir jetzt leutselig bekannt, daß er noch einmal Gnade vor Recht ergehen lassen will. Ich zeige mich stramm dankbar. »Wegtreten!« kommandiert er. Ich knalle die Wendung und ziehe ab.

Der Abend ist mir dadurch verleidet. Ich mache, daß ich

nach Hause komme, und werfe die Uniform in die Ecke, das hatte ich sowieso vor. Dann hole ich meinen Zivilanzug aus dem Schrank und ziehe ihn an.

Das ist mir ganz ungewohnt. Der Anzug sitzt ziemlich kurz und knapp, ich bin beim Kommiß gewachsen. Kragen und Krawatte machen mir Schwierigkeiten. Schließlich bindet mir meine Schwester den Knoten. Wie leicht so ein Anzug ist, man hat das Gefühl, als wäre man nur in Unterhosen und Hemd.

Ich betrachte mich im Spiegel. Das ist ein sonderbarer Anblick. Ein sonnenverbrannter, etwas ausgewachsener Konfirmand sieht mich da verwundert an.

Meine Mutter ist froh, daß ich Zivilzeug trage; ich bin ihr dadurch vertrauter. Doch mein Vater hätte lieber, daß ich Uniform anzöge, er möchte so mit mir zu seinen Bekannten gehen.

Aber ich weigere mich.

*

Es ist schön, still irgendwo zu sitzen, zum Beispiel in dem Wirtsgarten gegenüber den Kastanien, nahe der Kegelbahn. Die Blätter fallen auf den Tisch und auf die Erde, wenige nur, die ersten. Ich habe ein Glas Bier vor mir stehen, das Trinken hat man beim Militär gelernt. Das Glas ist halb geleert, ich habe also noch einige gute, kühle Schlucke vor mir, und außerdem kann ich ein zweites und ein drittes bestellen, wenn ich will. Es gibt keinen Appell und kein Trommelfeuer, die Kinder des Wirts spielen auf der Kegelbahn, und der Hund legt mir seinen Kopf auf die Knie. Der Himmel ist blau, zwischen dem Laub der Kastanien ragt der grüne Turm der Margaretenkirche auf.

Das ist gut, und ich liebe es. Aber mit den Leuten kann ich nicht fertig werden. Die einzige, die nicht fragt, ist meine Mutter. Doch schon mit meinem Vater ist es anders. Er möchte, daß ich etwas erzähle von draußen, er hat Wünsche, die ich rührend und dumm finde, zu ihm schon habe ich kein rechtes Verhältnis mehr. Am liebsten möchte er immerfort etwas hören. Ich begreife, daß er nicht weiß, daß so etwas nicht erzählt werden kann, und ich möchte ihm auch gern den Gefallen tun; aber es ist eine Gefahr für mich, wenn ich diese Dinge in Worte bringe, ich habe Scheu, daß sie dann riesenhaft werden und sich nicht mehr bewältigen lassen. Wo blieben wir, wenn uns alles ganz klar würde, was da draußen vorgeht.

So beschränke ich mich darauf, ihm einige lustige Sachen zu erzählen. Er aber fragt mich, ob ich auch einen Nahkampf mitgemacht hätte. Ich sage nein und stehe auf, um auszugehen.

Doch das bessert nichts. Nachdem ich mich auf der Straße ein paarmal erschreckt habe, weil das Quietschen der Straßenbahnen sich wie heranheulende Granaten anhört, klopft mir jemand auf die Schulter. Es ist mein Deutschlehrer, der mich mit den üblichen Fragen überfällt. »Na, wie steht es draußen. Furchtbar, furchtbar, nicht wahr? Ja, es ist schrecklich, aber wir müssen eben durchhalten. Und schließlich, draußen habt ihr doch wenigstens gute Verpflegung, wie ich gehört habe, Sie sehen gut aus, Paul, kräftig. Hier ist das natürlich schlechter, ganz natürlich, ist ja auch selbstverständlich, das Beste immer für unsere Soldaten!«

Er schleppt mich zu einem Stammtisch mit. Ich werde

großartig empfangen, ein Direktor gibt mir die Hand und sagt: »So, Sie kommen von der Front? Wie ist denn der Geist dort? Vorzüglich, vorzüglich, was?«

Ich erkläre, daß jeder gern nach Hause möchte.

Er lacht dröhnend: »Das glaube ich! Aber erst müßt ihr den Franzmann verkloppen! Rauchen Sie? Hier, stecken Sie sich mal eine an. Ober, bringen Sie unserm jungen Krieger auch ein Bier.«

Leider habe ich die Zigarre genommen, deshalb muß ich bleiben. Alle triefen nur so von Wohlwollen, dagegen ist nichts einzuwenden. Trotzdem bin ich ärgerlich und qualme, so schnell ich kann. Um wenigstens etwas zu tun, stürze ich das Glas Bier in einem Zug hinunter. Sofort wird mir ein zweites bestellt; die Leute wissen, was sie einem Soldaten schuldig sind. Sie disputieren darüber, was wir annektieren sollen. Der Direktor mit der eisernen Uhrkette will am meisten haben: ganz Belgien, die Kohlengebiete Frankreichs und große Stücke von Rußland. Er gibt genaue Gründe an, weshalb wir das haben müssen, und ist unbeugsam, bis die andern schließlich nachgeben. Dann beginnt er zu erläutern, wo in Frankreich der Durchbruch einsetzen müsse, und wendet sich zwischendurch zu mir: »Nun macht mal ein bißchen vorwärts da draußen mit eurem ewigen Stellungskrieg. Schmeißt die Kerle 'raus, dann gibt es auch Frieden.«–

Ich antworte, daß nach unserer Meinung ein Durchbruch unmöglich sei. Die drüben hätten zuviel Reserven. Außerdem wäre der Krieg doch anders, als man sich das so denke.

Er wehrt überlegen ab und beweist mir, daß ich davon

nichts verstehe. »Gewiß, der einzelne«, sagt er, »aber es kommt doch auf das Gesamte an. Und das können Sie nicht so beurteilen. Sie sehen nur Ihren kleinen Abschnitt und haben deshalb keine Übersicht. Sie tun Ihre Pflicht, Sie setzen Ihr Leben ein, das ist höchster Ehren wert – jeder von euch müßte das Eiserne Kreuz haben –, aber vor allem muß die gegnerische Front in Flandern durchbrochen und dann von oben aufgerollt werden.«

Er schnauft und wischt sich den Bart. »Völlig aufgerollt muß sie werden, von oben herunter. Und dann auf Paris.«

Ich möchte wissen, wie er sich das vorstellt, und gieße das dritte Bier in mich hinein. Sofort läßt er ein neues bringen.

Aber ich breche auf. Er schiebt mir noch einige Zigarren in die Tasche und entläßt mich mit einem freundschaftlichen Klaps. »Alles Gute! Hoffentlich hören wir nun bald etwas Ordentliches von euch.«

*

Ich habe mir den Urlaub anders vorgestellt. Vor einem Jahr war er auch anders. Ich bin es wohl, der sich inzwischen geändert hat. Zwischen heute und damals liegt eine Kluft. Damals kannte ich den Krieg noch nicht, wir hatten in ruhigeren Abschnitten gelegen. Heute merke ich, daß ich, ohne es zu wissen, zermürbter geworden bin. Ich finde mich hier nicht mehr zurecht, es ist eine fremde Welt. Die einen fragen, die andern fragen nicht, und man sieht ihnen an, daß sie stolz darauf sind; oft sagen sie es sogar noch mit dieser Miene des Verstehens, daß man darüber nicht reden könne. Sie bilden sich etwas darauf ein.

Am liebsten bin ich allein, da stört mich keiner. Denn alle

kommen stets auf dasselbe zurück, wie schlecht es geht und wie gut es geht, der eine findet es so, der andere so, – immer sind sie auch rasch bei den Dingen, die ihr Dasein darstellen. Ich habe früher sicher genauso gelebt, aber ich finde jetzt keinen Anschluß mehr daran.

Sie reden mir zuviel. Sie haben Sorgen, Ziele, Wünsche, die ich nicht so auffassen kann wie sie. Manchmal sitze ich mit einem von ihnen in dem kleinen Wirtsgarten und versuche, ihm klarzumachen, daß dies eigentlich schon alles ist: so still zu sitzen. Sie verstehen das natürlich, geben es zu, finden es auch, aber nur mit Worten, nur mit Worten, das ist es ja – sie empfinden es, aber stets nur halb, ihr anderes Wesen ist bei anderen Dingen, sie sind so verteilt, keiner empfindet es mit seinem ganzen Leben; ich kann ja selbst auch nicht recht sagen, was ich meine.

Wenn ich sie so sehe, in ihren Zimmern, in ihren Büros, in ihren Berufen, dann zieht das mich unwiderstehlich an, ich möchte auch darin sein und den Krieg vergessen; aber es stößt mich auch gleich wieder ab, es ist so eng, wie kann das ein Leben ausfüllen, man sollte es zerschlagen, wie kann das alles so sein, während draußen jetzt die Splitter über die Trichter sausen und die Leuchtkugeln hochgehen, die Verwundeten auf Zeltbahnen zurückgeschleift werden und die Kameraden sich in die Gräben drücken! – Es sind andere Menschen hier, Menschen, die ich nicht richtig begreife, die ich beneide und verachte. Ich muß an Kat und Albert und Müller und Tjaden denken, was mögen sie tun? Sie sitzen vielleicht in der Kantine oder sie schwimmen – bald müssen sie wieder nach vorn.

*

In meinem Zimmer steht hinter dem Tisch ein braunes Ledersofa. Ich setze mich hinein.

An den Wänden sind viele Bilder mit Reißzwecken festgemacht, die ich früher aus Zeitschriften geschnitten habe. Postkarten und Zeichnungen dazwischen, die mir gefallen haben. In der Ecke steht ein kleiner eiserner Ofen. An der Wand gegenüber das Regal mit meinen Büchern.

In diesem Zimmer habe ich gelebt, bevor ich Soldat wurde. Die Bücher habe ich nach und nach gekauft von dem Geld, das ich mit Stundengeben verdiente. Viele davon antiquarisch, alle Klassiker zum Beispiel, ein Band kostete eine Mark und zwanzig Pfennig, in steifem, blauem Leinen. Ich habe sie vollständig gekauft, denn ich war gründlich, bei ausgewählten Werken traute ich den Herausgebern nicht, ob sie auch das Beste genommen hatten. Deshalb kaufte ich mir »Sämtliche Werke«. Gelesen habe ich sie mit ehrlichem Eifer, aber die meisten sagten mir nicht recht zu.

Um so mehr hielt ich von den anderen Büchern, den moderneren, die natürlich auch viel teurer waren. Einige davon habe ich nicht ganz ehrlich erworben, ich habe sie ausgeliehen und nicht zurückgegeben, weil ich mich von ihnen nicht trennen mochte.

Ein Fach des Regals ist mit Schulbüchern gefüllt. Sie sind wenig geschont und stark zerlesen, Seiten sind herausgerissen, man weiß ja wofür. Und unten sind Hefte, Papier und Briefe hingepackt, Zeichnungen und Versuche.

Ich will mich hineindenken in die Zeit damals. Sie ist ja noch im Zimmer, ich fühle es sofort, die Wände haben sie bewahrt. Meine Hände liegen auf der Sofalehne; jetzt mache ich es mir bequem und ziehe auch die Beine hoch, so sitze ich gemütlich in der Ecke, in den Armen des Sofas. Das kleine Fenster ist geöffnet, es zeigt das vertraute Bild der Straße mit dem ragenden Kirchturm am Ende. Ein paar Blumen stehen auf dem Tisch. Federhalter, Bleistifte, eine Muschel als Briefbeschwerer, das Tintenfaß – hier ist nichts verändert.

So wird es auch sein, wenn ich Glück habe, wenn der Krieg aus ist und ich wiederkomme für immer. Ich werde ebenso hier sitzen und mein Zimmer ansehen und warten.

Ich bin aufgeregt; aber ich möchte es nicht sein, denn das ist nicht richtig. Ich will wieder diese stille Hingerissenheit, das Gefühl dieses heftigen, unbenennbaren Dranges verspüren, wie früher, wenn ich vor meine Bücher trat. Der Wind der Wünsche, der aus den bunten Bücherrücken aufstieg, soll mich wieder erfassen, er soll den schweren, toten Bleiblock, der irgendwo in mir liegt, schmelzen und mir wieder die Ungeduld der Zukunft, die beschwingte Freude an der Welt der Gedanken wecken; – er soll mir das verlorene Bereitsein meiner Jugend zurückbringen.

Ich sitze und warte.

Mir fällt ein, daß ich zu Kemmerichs Mutter gehen muß; – Mittelstaedt könnte ich auch besuchen, er muß in der Kaserne sein. Ich sehe aus dem Fenster: – hinter dem besonnten Straßenbild taucht verwaschen und leicht ein Hügelzug auf, verwandelt sich zu einem hellen Tag im Herbst, wo ich am Feuer sitze und mit Kat und Albert gebratene Kartoffeln aus der Schale esse.

Doch daran will ich nicht denken, ich wische es fort. Das Zimmer soll sprechen, es soll mich einfangen und tragen, ich will fühlen, daß ich hierhergehöre, und horchen, damit ich weiß, wenn ich wieder an die Front gehe: Der Krieg versinkt und ertrinkt, wenn die Welle der Heimkehr kommt, er ist vorüber, er zerfrißt uns nicht, er hat keine andere Macht über uns als nur die äußere!

Die Bücherrücken stehen nebeneinander. Ich kenne sie noch und erinnere mich, wie ich sie geordnet habe. Ich bitte sie mit meinen Augen: Sprecht zu mir, – nehmt mich auf – nimm mich auf, du Leben von früher, – du sorgloses, schönes – nimm mich wieder auf –

Ich warte, ich warte.

Bilder ziehen vorüber, sie haken nicht fest, es sind nur Schatten und Erinnerungen.

Nichts – nichts.

Meine Unruhe wächst.

Ein fürchterliches Gefühl der Fremde steigt plötzlich in mir hoch. Ich kann nicht zurückfinden, ich bin ausgeschlossen; so sehr ich auch bitte und mich anstrenge, nichts bewegt sich, teilnahmslos und traurig sitze ich wie ein Verurteilter da, und die Vergangenheit wendet sich ab. Gleichzeitig spüre ich Furcht, sie zu sehr zu beschwören, weil ich nicht weiß, was dann alles geschehen könnte. Ich bin ein Soldat, daran muß ich mich halten.

Müde stehe ich auf und schaue aus dem Fenster. Dann nehme ich eines der Bücher und blättere darin, um zu lesen. Aber ich stelle es weg und nehme ein anderes. Es sind Stellen darin, die angestrichen sind. Ich suche, blättere, nehme neue Bücher. Schon liegt ein Pack neben mir. Andere kommen dazu, hastiger – Blätter, Hefte, Briefe.

Stumm stehe ich davor. Wie vor einem Gericht.

Mutlos.

Worte, Worte, Worte – sie erreichen mich nicht.

Langsam stelle ich die Bücher wieder in die Lücken. Vorbei.

Still gehe ich aus dem Zimmer.

*

Noch gebe ich es nicht auf. Mein Zimmer betrete ich zwar nicht mehr, aber ich tröste mich damit, daß einige Tage noch nicht ein Ende zu sein brauchen. Ich habe nachher – später – Jahre dafür Zeit. Vorläufig gehe ich zu Mittelstaedt in die Kaserne, und wir sitzen in seiner Stube, da ist eine Luft, die ich nicht liebe, an die ich aber gewöhnt bin.

Mittelstaedt hat eine Neuigkeit parat, die mich sofort elektrisiert. Er erzählt mir, daß Kantorek eingezogen worden sei als Landsturmmann. »Stell dir vor«, sagt er und holt ein paar gute Zigarren heraus, »ich komme aus dem Lazarett hierher und falle gleich über ihn. Er streckt mir seine Pfote entgegen und quakt: ›Sieh da, Mittelstaedt, wie geht es denn?‹ – Ich sehe ihn groß an und antworte: ›Landsturmmann Kantorek, Dienst ist Dienst und Schnaps ist Schnaps, das sollten Sie selbst am besten wissen. Nehmen Sie Haltung an, wenn Sie mit einem Vorgesetzten reden.‹ – Du hättest sein Gesicht sehen müssen! Eine Kreuzung aus Essiggurke und Blindgänger. Zögernd versuchte er noch einmal, sich anzubiedern. Da schnauzte ich etwas schärfer. Nun führte er seine stärkste Batterie ins Gefecht und fragte vertraulich: ›Soll ich Ihnen vermitteln, daß Sie Notexamen machen?‹ Er wollte mich erinnern, verstehst du. Da packte mich die Wut, und ich erinnerte ihn auch. ›Landsturmmann Kantorek, vor zwei Jahren haben Sie uns zum Bezirkskommando gepredigt, darunter auch den Joseph Behm, der eigentlich nicht wollte. Er fiel drei Monate bevor er einge- zogen worden wäre. Ohne Sie hätte er solange gewartet. Und jetzt: Wegtreten. Wir sprechen uns noch.‹ – Es war mir leicht, seiner Kompanie zugeteilt zu werden. Als erstes nahm ich ihn zur Kammer und sorgte für eine hübsche Ausrüstung. Du wirst ihn gleich sehen.«

Wir gehen auf den Hof. Die Kompanie ist angetreten. Mittelstaedt läßt rühren und besichtigt.

Da erblicke ich Kantorek und muß das Lachen verbeißen. Er trägt eine Art Schoßrock aus verblichenem Blau. Auf dem Rücken und an den Ärmeln sind große dunkle Flicken eingesetzt. Der Rock muß einem Riesen gehört haben. Um so kürzer ist die abgewetzte schwarze Hose; sie reicht bis zur halben Wade. Dafür sind aber die Schuhe sehr geräu- mig, eisenharte, uralte Treter, mit hochgebogenen Spitzen, noch an den Seiten zu schnüren. Als Ausgleich ist die Mütze wieder zu klein, ein furchtbar dreckiges, elendes Krätzchen. Der Gesamteindruck ist erbarmungswürdig.

Mittelstaedt bleibt stehen vor ihm: »Landsturmmann Kan- torek, ist das Knopfputz? Sie scheinen es nie zu lernen. Un- genügend, Kantorek, ungenügend –«

Ich brülle innerlich vor Vergnügen. Genauso hat Kantorek in der Schule Mittelstaedt getadelt, mit demselben Tonfall: »Ungenügend, Mittelstaedt, ungenügend –«

Mittelstaedt mißbilligt weiter: »Sehen Sie sich mal Boett- cher an, der ist vorbildlich, von dem können Sie lernen.«

Ich traue meinen Augen kaum. Boettcher ist ja auch da, un- ser Schulportier. Und der ist vorbildlich! Kantorek schießt mir einen Blick zu, als ob er mich fressen möchte. Ich aber grinse ihm nur harmlos in die Visage, so als ob ich ihn gar nicht weiter kenne.

Wie blödsinnig er aussieht mit seinem Krätzchen und seiner Uniform! Und vor so was hat man früher eine Heidenangst gehabt, wenn es auf dem Katheder thronte und einen mit dem Bleistift aufspießte bei den unregelmäßigen französischen Verben, mit denen man nachher in Frankreich doch nichts anfangen konnte. Es ist noch kaum zwei Jahre her; – und jetzt steht hier der Landsturmmann Kantorek, jäh entzaubert, mit krummen Knien und Armen wie Topfhenkel, mit schlechtem Knopfputz und lächerlicher Haltung, ein unmöglicher Soldat. Ich kann ihn mir nicht mehr zusammenreimen mit dem drohenden Bilde auf dem Katheder, und ich möchte wirklich gern mal wissen, was ich machen werde, wenn dieser Jammerpelz mich alten Soldaten jemals wieder fragen darf: »Bäumer, nennen Sie das Imparfait von aller –«

Vorläufig läßt Mittelstaedt etwas Schwärmen üben. Kantorek wird dabei wohlwollend von ihm zum Gruppenführer bestimmt.

Damit hat es seine besondere Bewandtnis. Der Gruppenführer muß beim Schwärmen nämlich stets zwanzig Schritt vor seiner Gruppe sein; – kommandiert man nun: Kehrt – marsch!, so macht die Schwarmlinie nur die Wendung, der Gruppenführer jedoch, der dadurch plötzlich zwanzig Schritt hinter der Linie ist, muß im Galopp vorstürzen, um wieder seine zwanzig Schritt vor die Gruppe zu kommen. Das sind zusammen vierzig Schritt: Marsch, marsch. Kaum ist er aber angelangt, so wird einfach wieder Kehrt – marsch! befohlen, und er muß eiligst wieder vierzig Schritt nach der anderen Seite rasen. Auf diese Weise macht die Gruppe nur gemütlich immer eine Wendung und ein paar Schritte, während der Gruppenführer hin und her saust wie ein Furz auf der Gardinenstange. Das Ganze ist eines der vielen probaten Rezepte von Himmelstoß.

Kantorek kann von Mittelstaedt nichts anderes verlangen, denn er hat ihm einmal eine Versetzung vermurkst, und Mittelstaedt wäre schön dumm, diese gute Gelegenheit nicht auszunutzen, bevor er wieder ins Feld kommt. Man stirbt doch vielleicht etwas leichter, wenn der Kommiß einem auch einmal solch eine Chance geboten hat.

Einstweilen spritzt Kantorek hin und her wie ein aufgescheuchtes Wildschwein. Nach einiger Zeit läßt Mittelstaedt aufhören, und nun beginnt die so wichtige Übung des Kriechens. Auf Knien und Ellenbogen, die Knarre vorschriftsmäßig gefaßt, schiebt Kantorek seine Prachtfigur durch den Sand, dicht an uns vorbei. Er schnauft kräftig, und sein Schnaufen ist Musik.

Mittelstaedt ermuntert ihn, indem er den Landsturmmann Kantorek mit Zitaten des Oberlehrers Kantorek tröstet. »Landsturmmann Kantorek, wir haben das Glück, in einer großen Zeit zu leben, da müssen wir alle uns zusammenreißen und das Bittere überwinden.« Kantorek spuckt ein schmutziges Stück Holz aus, das ihm zwischen die Zähne gekommen ist, und schwitzt. Mittelstaedt beugt sich nieder, beschwörend eindringlich: »Und über Kleinigkeiten niemals das große Erlebnis vergessen, Landsturmmann Kantorek!«

Mich wundert, daß Kantorek nicht mit einem Knall zerplatzt, besonders, da jetzt die Turnstunde folgt, in der Mittelstaedt ihn großartig kopiert, indem er ihm in den Hosenboden faßt beim Klimmzug am Querbaum, damit er das Kinn stramm über die Stange bringen kann, und dazu von weisen Reden nur so trieft. Genauso hat Kantorek es früher mit ihm gemacht.

Danach wird der weitere Dienst verteilt. »Kantorek und Boettcher zum Kommißbrotholen! Nehmen Sie den Handwagen mit.«

Ein paar Minuten später geht das Paar mit dem Handwagen los. Kantorek hält wütend den Kopf gesenkt. Der Portier ist stolz, weil er leichten Dienst hat.

Die Brotfabrik ist am andern Ende der Stadt. Beide müssen also hin und zurück durch die ganze Stadt.

»Das machen sie schon ein paar Tage«, grinst Mittelstaedt. »Es gibt bereits Leute, die darauf warten, sie zu sehen.«

»Großartig«, sage ich, »aber hat er sich noch nicht beschwert?«

»Versucht! Unser Kommandeur hat furchtbar gelacht, als er die Geschichte gehört hat. Er kann keine Schulmeister leiden. Außerdem poussiere ich mit seiner Tochter.«

»Er wird dir das Examen versauen.«

»Darauf pfeife ich«, meint Mittelstaedt gelassen. »Seine Beschwerde ist außerdem zwecklos gewesen, weil ich beweisen konnte, daß er meistens leichten Dienst hat.«

»Könntest du ihn nicht mal ganz groß schleifen?« frage ich.

»Dazu ist er mir zu dämlich«, antwortet Mittelstaedt erhaben und großzügig.

*

Was ist Urlaub? – Ein Schwanken, das alles nachher noch viel schwerer macht. Schon jetzt mischt sich der Abschied hinein. Meine Mutter sieht mich schweigend an; – sie zählt die Tage, ich weiß es; – jeden Morgen ist sie traurig. Es ist schon wieder ein Tag weniger. Meinen Tornister hat sie weggepackt, sie will durch ihn nicht erinnert werden.

Die Stunden laufen schnell, wenn man grübelt. Ich raffe mich auf und begleite meine Schwester. Sie geht zum Schlachthof, um einige Pfund Knochen zu holen. Das ist eine große Vergünstigung, und morgens schon stellen sich die Leute hin, um darauf anzustehen. Manche werden ohnmächtig.

Wir haben kein Glück. Nachdem wir drei Stunden abwechselnd gewartet haben, löst sich die Reihe auf. Die Knochen sind zu Ende.

Es ist gut, daß ich meine Verpflegung erhalte. Davon bringe ich meiner Mutter mit, und wir haben so alle etwas kräftigeres Essen.

Immer schwerer werden die Tage, die Augen meiner Mutter immer trauriger. Noch vier Tage. Ich muß zu Kemmerichs Mutter gehen.

*

Man kann das nicht niederschreiben. Diese bebende, schluchzende Frau, die mich schüttelt und mich anschreit: »Weshalb lebst du denn, wenn er tot ist!«, die mich mit Tränen überströmt und ruft: »Weshalb seid ihr überhaupt da, Kinder, wie ihr –«, die in einen Stuhl sinkt und weint: »Hast du ihn gesehen? Hast du ihn noch gesehen? Wie starb er?«

Ich sage ihr, daß er einen Schuß ins Herz erhalten hat und gleich tot war. Sie sieht mich an, sie zweifelt: »Du lügst. Ich weiß es besser. Ich habe gefühlt, wie schwer er gestorben ist. Ich habe seine Stimme gehört, seine Angst habe ich nachts gespürt, – sag die Wahrheit, ich will es wissen, ich muß es wissen.«

»Nein«, sage ich, »ich war neben ihm. Er war sofort tot.«

Sie bittet mich leise: »Sag es mir. Du mußt es. Ich weiß, du willst mich damit trösten, aber siehst du nicht, daß du mich schlimmer quälst, als wenn du die Wahrheit sagst? Ich kann die Ungewißheit nicht ertragen, sag mir, wie es war, und wenn es noch so furchtbar ist. Es ist immer noch besser, als was ich sonst denken muß.«

Ich werde es nie sagen, eher kann sie aus mir Hackfleisch machen. Ich bemitleide sie, aber sie kommt mir auch ein wenig dumm vor. Sie soll sich doch zufrieden geben, Kemmerich bleibt tot, ob sie es weiß oder nicht. Wenn man so viele Tote gesehen hat, kann man so viel Schmerz um einen einzigen nicht mehr recht begreifen. So sage ich etwas ungeduldig: »Er war sofort tot. Er hat es gar nicht gefühlt. Sein Gesicht war ganz ruhig.«

Sie schweigt. Dann fragt sie langsam: »Kannst du das beschwören?«

»Ja.«

»Bei allem, was dir heilig ist?«

Ach Gott, was ist mir schon heilig; – so was wechselt ja schnell bei uns.

»Ja, er war sofort tot.«

»Willst du selbst nicht wiederkommen, wenn es nicht wahr ist?«

»Ich will nicht wiederkommen, wenn er nicht sofort tot war.«

Ich würde noch wer weiß was auf mich nehmen. Aber sie scheint mir zu glauben. Sie stöhnt und weint lange. Ich soll erzählen, wie es war, und erfinde eine Geschichte, an die ich jetzt beinahe selbst glaube.

Als ich gehe, küßt sie mich und schenkt mir ein Bild von ihm. Er lehnt darauf in seiner Rekrutenuniform an einem runden Tisch, dessen Beine aus ungeschälten Birkenästen bestehen. Dahinter ist ein Wald gemalt als Kulisse. Auf dem Tisch steht ein Bierseidel.

*

Es ist der letzte Abend zu Hause. Alle sind schweigsam. Ich gehe früh zu Bett, ich fasse die Kissen an, ich drücke sie an mich und lege den Kopf hinein. Wer weiß, ob ich je wieder so in einem Federbett liegen werde!

Meine Mutter kommt spät noch in mein Zimmer. Sie glaubt, daß ich schlafe, und ich stelle mich auch so. Zu sprechen, wach miteinander zu sein, ist zu schwer.

Sie sitzt fast bis zum Morgen, obschon sie Schmerzen hat und sich manchmal krümmt. Endlich kann ich es nicht mehr aushalten, ich tue, als erwachte ich.

»Geh schlafen, Mutter, du erkältest dich hier.«

Sie sagt: »Schlafen kann ich noch genug später.«

Ich richte mich auf. »Es geht ja nicht sofort ins Feld, Mutter. Ich muß doch erst vier Wochen ins Barackenlager. Von dort komme ich vielleicht einen Sonntag noch herüber.«

Sie schweigt. Dann fragt sie leise: »Fürchtest du dich sehr?«

»Nein, Mutter.«

»Ich wollte dir noch sagen: Nimm dich vor den Frauen in acht in Frankreich. Sie sind schlecht dort.«

Ach Mutter, Mutter! Für dich bin ich ein Kind, – warum kann ich nicht den Kopf in deinen Schoß legen und weinen? Warum muß ich immer der Stärkere und der Gefaßtere sein, ich möchte doch auch einmal weinen und getröstet werden, ich bin doch wirklich nicht viel mehr als ein Kind, im Schrank hängen noch meine kurzen Knabenhosen, – es ist doch erst so wenig Zeit her, warum ist es denn vorbei?

So ruhig ich kann, sage ich: »Wo wir liegen, da sind keine Frauen, Mutter.«

»Und sei recht vorsichtig dort im Felde, Paul.«

Ach Mutter, Mutter! Warum nehme ich dich nicht in meine Arme, und wir sterben. Was sind wir doch für arme Hunde!

»Ja, Mutter, das will ich sein.«

»Ich werde jeden Tag für dich beten, Paul.«

Ach Mutter, Mutter! Laß uns aufstehen und fortgehen, zurück durch die Jahre, bis all dies Elend nicht mehr auf uns liegt, zurück zu dir und mir allein, Mutter!

»Vielleicht kannst du einen Posten bekommen, der nicht so gefährlich ist.«

»Ja, Mutter, vielleicht komme ich in die Küche, das kann wohl sein.«

»Nimm ihn ja an, wenn die andern auch reden –«

»Darum kümmere ich mich nicht, Mutter –«

Sie seufzt. Ihr Gesicht ist ein weißer Schein im Dunkel.

»Nun mußt du schlafen gehen, Mutter.«

Sie antwortet nicht. Ich stehe auf und lege ihr meine Decke über die Schultern. Sie stützt sich auf meinen Arm, sie hat Schmerzen. So bringe ich sie hinüber. Eine Weile bleibe ich noch bei ihr. »Du mußt nun auch gesund werden, Mutter, bis ich wiederkomme.«

»Jaja, mein Kind.«

»Ihr dürft mir nicht eure Sachen schicken, Mutter. Wir haben draußen genug zu essen. Ihr könnt es hier besser brauchen.«

Wie arm sie in ihrem Bette liegt, sie, die mich liebt, mehr als alles. Als ich schon gehen will, sagt sie hastig: »Ich habe dir noch zwei Unterhosen besorgt. Es ist gute Wolle. Sie werden warm halten. Du mußt nicht vergessen, sie dir einzupacken.«

Ach Mutter, ich weiß, was dich diese beiden Unterhosen gekostet haben an Herumstehen und Laufen und Betteln! Ach Mutter, Mutter, wie kann man es begreifen, daß ich weg muß von dir, wer hat denn anders ein Recht auf mich als du. Noch sitze ich hier, und du liegst dort, wir müssen uns so vieles sagen, aber wir werden es nie können.

»Gute Nacht, Mutter.«

»Gute Nacht, mein Kind.«

Das Zimmer ist dunkel. Der Atem meiner Mutter geht darin hin und her. Dazwischen tickt die Uhr. Draußen vor den Fenstern weht es. Die Kastanien rauschen.

Auf dem Vorplatz stolpere ich über meinen Tornister, der fertig gepackt daliegt, weil ich morgen sehr früh fort muß.

Ich beiße in meine Kissen, ich krampfe die Fäuste um die Eisenstäbe meines Bettes. Ich hätte nie hierherkommen

dürfen. Ich war gleichgültig und oft hoffnungslos draußen;
– ich werde es nie mehr so sein können. Ich war ein Soldat,
und nun bin ich nichts mehr als Schmerz um mich, um
meine Mutter, um alles, was so trostlos und ohne Ende ist.
Ich hätte nie auf Urlaub fahren dürfen.

8

Die Baracken im Heidelager kenne ich noch. Hier hat Himmelstoß Tjaden erzogen. Sonst aber kenne ich kaum jemand hier; alles hat gewechselt, wie immer. Nur einige der Leute habe ich früher flüchtig gesehen.

Den Dienst mache ich mechanisch. Abends bin ich fast stets im Soldatenheim, da liegen Zeitschriften aus, die ich aber nicht lese; es steht jedoch ein Klavier da, auf dem ich gern spiele. Zwei Mädchen bedienen, eins davon ist jung.

Das Lager ist von hohen Drahtzäunen umgeben. Wenn wir spät aus dem Soldatenheim kommen, müssen wir Passierscheine haben. Wer sich mit dem Posten versteht, kriecht natürlich auch so durch.

Zwischen Wacholderbüschen und Birkenwäldern üben wir jeden Tag Kompanieexerzieren in der Heide. Es ist zu ertragen, wenn man nicht mehr verlangt. Man rennt vorwärts, wirft sich hin, und der Atem biegt die Stengel und Blüten der Heide hin und her. Der klare Sand ist, so dicht am Boden gesehen, rein wie in einem Laboratorium, aus vielen kleinsten Kieseln gebildet. Es ist seltsam verlockend, die Hand hineinzugraben.

Aber das schönste sind die Wälder mit ihren Birkenrändern. Sie wechseln jeden Augenblick die Farbe. Jetzt leuchten die Stämme im hellsten Weiß, und seidig und luftig schwebt zwischen ihnen das pastellhafte Grün des Laubes; – im nächsten Moment wechselt alles zu einem opalenen Blau, das silbrig vom Rande her streicht und das Grün forttupft; – aber sogleich vertieft es sich an einer Stelle fast zu Schwarz, wenn eine Wolke über die Sonne geht. Und dieser Schatten läuft wie ein Gespenst zwischen den nun fahlen Stämmen entlang, weiter über die Heide zum Horizont, – inzwischen stehen die Birken schon wie festliche Fahnen mit weißen Stangen vor dem rotgoldenen Geloder ihres sich färbenden Laubes.

Ich verliere mich oft an dieses Spiel zartester Lichter und durchsichtiger Schatten, so sehr, daß ich fast die Kommandos überhöre; – wenn man allein ist, beginnt man die Natur zu beobachten und zu lieben. Und ich habe hier nicht viel Anschluß, wünsche ihn auch nicht über das normale Maß hinaus. Man ist zuwenig miteinander bekannt, um mehr zu tun, als etwas zu quatschen und abends Siebzehn-und-vier zu spielen oder zu mauscheln.

Neben unsern Baracken befindet sich das große Russenlager. Es ist von uns zwar durch Drahtwände getrennt, trotzdem gelingt es den Gefangenen doch, zu uns herüberzukommen. Sie geben sich sehr scheu und ängstlich, dabei haben die meisten Bärte und sind groß; dadurch wirken sie wie verprügelte Bernhardiner.

Sie schleichen um unsere Baracken und revidieren die Abfalltonnen. Man muß sich vorstellen, was sie da finden. Die Kost ist bei uns schon knapp und vor allem schlecht, es gibt Steckrüben, in sechs Teile geschnitten und in Wasser ge-

kocht, Mohrrübenstrünke, die noch schmutzig sind; flek-
kige Kartoffeln sind große Leckerbissen, und das Höchste
ist dünne Reissuppe, in der kleingeschnittene Rindfleisch-
sehnen schwimmen sollen. Aber sie sind so klein geschnitten, daß sie nicht mehr zu finden sind.

Trotzdem wird natürlich alles gegessen. Wenn wirklich
einer mal so reich ist, nicht leerfuttern zu brauchen, stehen
zehn andere da, die es ihm gern abnehmen. Nur die Reste,
die der Löffel nicht mehr erreicht, werden ausgespült und
in die Abfalltonnen geschüttet. Dazu kommen dann
manchmal einige Steckrübenschalen, verschimmelte Brot-
rinden und allerlei Dreck.

Dieses dünne, trübe, schmutzige Wasser ist das Ziel der
Gefangenen. Sie schöpfen es gierig aus den stinkenden
Tonnen und tragen es unter ihren Blusen fort.

Es ist sonderbar, diese unsere Feinde so nahe zu sehen. Sie
haben Gesichter, die nachdenklich machen, gute Bauernge-
sichter, breite Stirnen, breite Nasen, breite Lippen, breite
Hände, wolliges Haar. Man müßte sie zum Pflügen und
Mähen und Apfelpflücken verwenden. Sie sehen noch gut-
mütiger aus als unsere Bauern in Friesland.

Es ist traurig, ihre Bewegungen, ihr Betteln um etwas Essen
zu sehen. Sie sind alle ziemlich schwach, denn sie erhalten
gerade so viel, daß sie nicht verhungern. Wir selbst bekommen ja längst nicht satt zu essen. Sie haben Ruhr, mit ängstlichen Blicken zeigen manche verstohlen blutige Hemdzip-
fel heraus. Ihre Rücken, ihre Nacken sind gekrümmt, die
Knie geknickt, der Kopf blickt schief von unten herauf,
wenn sie die Hand ausstrecken und mit den wenigen Worten, die sie kennen, betteln, – betteln mit diesen weichen,

leisen Bässen, die wie warme Öfen und Heimatstuben sind.

Es gibt Leute, die ihnen einen Tritt geben, daß sie umfallen; – aber das sind nur wenig. Die meisten tun ihnen nichts, sie gehen an ihnen vorbei. Mitunter, wenn sie sehr elend sind allerdings, gerät man darüber in Wut und versetzt ihnen dann einen Tritt. Wenn sie einen nur nicht so ansehen wollten, – was für ein Jammer in zwei so kleinen Flecken sitzen kann, die man mit dem Daumen schon zuhalten kann: in den Augen.

Abends kommen sie in die Baracken und handeln. Sie tauschen alles, was sie haben, gegen Brot ein. Es gelingt ihnen manchmal, denn sie haben gute Stiefel, unsere aber sind schlecht. Das Leder ihrer hohen Schaftstiefel ist wunderbar weich, wie Juchten. Die Bauernsöhne bei uns, die von zu Hause Fettigkeiten geschickt erhalten, können sie sich leisten. Der Preis für ein Paar Stiefel ist ungefähr zwei bis drei Kommißbrote oder ein Kommißbrot und eine kleinere harte Mettwurst.

Aber fast alle Russen haben längst ihre Sachen abgegeben, die sie hatten. Sie tragen nur noch erbärmliches Zeug und versuchen kleine Schnitzereien und Gegenstände, die sie aus Granatsplittern und Stücken von kupfernen Führungsringen gemacht haben, zu tauschen. Diese Sachen bringen natürlich nicht viel ein, wenn sie auch allerhand Mühe gemacht haben – sie gehen für ein paar Scheiben Brot bereits weg. Unsere Bauern sind zäh und schlau, wenn sie handeln. Sie halten dem Russen das Stück Brot oder Wurst so lange dicht unter die Nase, bis er vor Gier blaß wird und die Augen verdreht, dann ist ihm alles egal. Sie aber verpacken ihre Beute mit all der Umständlichkeit, deren sie fähig sind, holen ihr dickes Taschenmesser heraus, schneiden langsam und bedächtig für sich selber einen Ranken Brot von ihrem Vorrat ab und dazu bei jedem Happen ein Stück von der harten guten Wurst und futtern, sich zur Belohnung. Es ist aufreizend, sie so vespern zu sehen, man möchte ihnen auf die dicken Schädel trommeln. Sie geben selten etwas ab. Man kennt sich ja auch zuwenig.

*

Ich bin öfter auf Wache bei den Russen. In der Dunkelheit sieht man ihre Gestalten sich bewegen, wie kranke Störche, wie große Vögel. Sie kommen dicht an das Gitter heran und legen ihre Gesichter dagegen, die Finger sind in die Maschen gekrallt. Oft stehen viele nebeneinander. So atmen sie den Wind, der von der Heide und den Wäldern herkommt.

Selten sprechen sie, und dann nur wenige Worte. Sie sind menschlicher und, ich möchte fast glauben, brüderlicher zueinander als wir hier. Aber das ist vielleicht nur deshalb, weil sie sich unglücklicher fühlen als wir. Dabei ist für sie doch der Krieg zu Ende. Doch auf die Ruhr zu warten, ist ja auch kein Leben.

Die Landsturmleute, die sie bewachen, erzählen, daß sie anfangs lebhafter waren. Sie hatten, wie das immer ist, Verhältnisse untereinander, und es soll oft mit Fäusten und Messern dabei zugegangen sein. Jetzt sind sie schon ganz stumpf und gleichgültig, die meisten onanieren nicht einmal mehr, so schwach sind sie, obschon es doch damit sonst oft so schlimm ist, daß sie es sogar barackenweise tun.

Sie stehen am Gitter; manchmal schwankt einer fort, dann ist bald ein anderer an seiner Stelle in der Reihe. Die meisten sind still; nur einzelne betteln um das Mundstück einer ausgerauchten Zigarette.

Ich sehe ihre dunklen Gestalten. Ihre Bärte wehen im Winde. Ich weiß nichts von ihnen, als daß sie Gefangene sind, und gerade das erschüttert mich. Ihr Leben ist namenlos und ohne Schuld; – wüßte ich mehr von ihnen, wie sie heißen, wie sie leben, was sie erwarten, was sie bedrückt, so hätte meine Erschütterung ein Ziel und könnte zu Mitleid werden. Jetzt aber empfinde ich hinter ihnen nur den Schmerz der Kreatur, die furchtbare Schwermut des Lebens und die Erbarmungslosigkeit der Menschen.

Ein Befehl hat diese stillen Gestalten zu unsern Feinden gemacht; ein Befehl könnte sie in unsere Freunde verwandeln. An irgendeinem Tisch wird ein Schriftstück von einigen Leuten unterzeichnet, die keiner von uns kennt, und jahrelang ist unser höchstes Ziel das, worauf sonst die Verachtung der Welt und ihre höchste Strafe ruht. Wer kann da noch unterscheiden, wenn er diese stillen Leute hier sieht mit den kindlichen Gesichtern und den Apostelbärten! Jeder Unteroffizier ist dem Rekruten, jeder Oberlehrer dem Schüler ein schlimmerer Feind als sie uns. Und dennoch würden wir wieder auf sie schießen und sie auf uns, wenn sie frei wären.

Ich erschrecke; hier darf ich nicht weiterdenken. Dieser Weg geht in den Abgrund. Es ist noch nicht die Zeit dazu; aber ich will den Gedanken nicht verlieren, ich will ihn bewahren, ihn fortschließen, bis der Krieg zu Ende ist. Mein Herz klopft: ist hier das Ziel, das Große, das Einmalige, an das ich im Graben gedacht habe, das ich suchte als Daseinsmöglichkeit nach dieser Katastrophe aller Menschlichkeit, ist es eine Aufgabe für das Leben nachher, würdig der Jahre des Grauens?

Ich nehme meine Zigaretten heraus, breche jede in zwei Teile und gebe sie den Russen. Sie verneigen sich und zünden sie an. Nun glimmen in einigen Gesichtern rote Punkte. Sie trösten mich; es sieht aus, als wären es kleine Fensterchen in dunklen Dorfhäusern, die verraten, daß dahinter Zimmer voll Zuflucht sind.

*

Die Tage gehen hin. An einem nebeligen Morgen wird wieder ein Russe begraben; es sterben ja jetzt fast täglich welche. Ich bin gerade auf Wache, als er beerdigt wird. Die Gefangenen singen einen Choral, sie singen vielstimmig, und es klingt, als wären es kaum noch Stimmen, als wäre es eine Orgel, die fern in der Heide steht.

Die Beerdigung geht schnell.

Abends stehen sie wieder am Gitter, und der Wind kommt von den Birkenwäldern zu ihnen. Die Sterne sind kalt. Ich kenne jetzt einige von ihnen, die ziemlich gut Deutsch sprechen. Ein Musiker ist dabei, er erzählt, daß er Geiger in Berlin gewesen sei. Als er hört, daß ich etwas Klavier spielen kann, holt er seine Geige und spielt. Die andern setzen sich und lehnen die Rücken an das Gitter. Er steht und spielt, oft hat er den verlorenen Ausdruck, den Geiger haben, wenn sie die Augen schließen, dann wieder bewegt er das Instrument im Rhythmus und lächelt mich an.

Er spielt wohl Volkslieder; denn die anderen summen mit.

Es sind dunkle Hügel, die tief unterirdisch summen. Die Geigenstimme steht wie ein schlankes Mädchen darüber und ist hell und allein. Die Stimmen hören auf, und die Geige bleibt – sie ist dünn in der Nacht, als friere sie; man muß dicht danebenstehen, es wäre in einem Raum wohl besser; – hier draußen wird man traurig, wenn sie so allein umherirrt.

*

Ich bekomme keinen Urlaub über Sonntag, weil ich ja erst größeren Urlaub gehabt habe. Am letzten Sonntag vor der Abfahrt sind deshalb mein Vater und meine älteste Schwester zu Besuch bei mir. Wir sitzen den ganzen Tag im Soldatenheim. Wo sollen wir anders hin, in die Baracke wollen wir nicht gehen. Mittags machen wir einen Spaziergang in die Heide.

Die Stunden quälen sich hin; wir wissen nicht, worüber wir reden sollen. So sprechen wir über die Krankheit meiner Mutter. Es ist nun bestimmt Krebs, sie liegt schon im Krankenhaus und wird demnächst operiert. Die Ärzte hoffen, daß sie gesund wird, aber wir haben noch nie gehört, daß Krebs geheilt worden ist.

»Wo liegt sie denn?« frage ich.

»Im Luisenhospital«, sagt mein Vater.

»In welcher Klasse?«

»Dritter. Wir müssen abwarten, was die Operation kostet. Sie wollte selbst dritter liegen. Sie sagte, dann hätte sie etwas Unterhaltung. Es ist auch billiger.«

»Dann liegt sie doch mit so vielen zusammen. Wenn sie nur nachts schlafen kann.«

Mein Vater nickt. Sein Gesicht ist abgespannt und voll Furchen. Meine Mutter ist viel krank gewesen; sie ist zwar nur ins Krankenhaus gegangen, wenn sie gezwungen wurde, trotzdem hat es viel Geld für uns gekostet, und das Leben meines Vaters ist eigentlich darüber hingegangen. »Wenn man bloß wüßte, wieviel die Operation kostet«, sagt er.

»Habt ihr nicht gefragt?«

»Nicht direkt, das kann man nicht – wenn der Arzt dann unfreundlich wird, das geht doch nicht, weil er Mutter doch operieren soll.«

Ja, denke ich bitter, so sind wir, so sind sie, die armen Leute. Sie wagen nicht nach dem Preise zu fragen und sorgen sich eher furchtbar darüber; aber die andern, die es nicht nötig haben, die finden es selbstverständlich, vorher den Preis festzulegen. Bei ihnen wird der Arzt auch nicht unfreundlich sein.

»Die Verbände hinterher sind auch so teuer«, sagt mein Vater.

»Zahlt denn die Krankenkasse nichts dazu?« frage ich.

»Mutter ist schon zu lange krank.«

»Habt ihr denn etwas Geld?«

Er schüttelt den Kopf. »Nein. Aber ich kann jetzt wieder Überstunden machen.«

Ich weiß: er wird bis zwölf Uhr nachts an seinem Tisch stehen und falzen und kleben und schneiden. Um acht Uhr abends wird er etwas essen von diesem kraftlosen Zeug, das sie auf Karten beziehen. Hinterher wird er ein Pulver gegen seine Kopfschmerzen einnehmen und weiterarbeiten.

Um ihn etwas aufzuheitern, erzähle ich ihm einige Geschichten, die mir gerade einfallen, Soldatenwitze und so etwas, von Generalen und Feldwebeln, die irgendwann mal 'reingelegt wurden.

Nachher bringe ich beide zur Bahnstation. Sie geben mir ein Glas Marmelade und ein Paket Kartoffelpuffer, die meine Mutter noch für mich gebacken hat.

Dann fahren sie ab, und ich gehe zurück.

Abends streiche ich mir von der Marmelade auf die Puffer und esse davon. Es will mir nicht schmecken. So gehe ich hinaus, um den Russen die Puffer zu geben. Dann fällt mir ein, daß meine Mutter sie selbst gebacken hat und daß sie vielleicht Schmerzen gehabt hat, während sie am heißen Herd stand. Ich lege das Paket zurück in meinen Tornister und nehme nur zwei Stück davon mit zu den Russen.

9

Wir fahren einige Tage. Die ersten Flieger erscheinen am Himmel. Wir rollen an Transportzügen vorüber. Geschütze, Geschütze. Die Feldbahn übernimmt uns. Ich suche mein Regiment. Niemand weiß, wo es gerade liegt. Irgendwo übernachte ich, irgendwo empfange ich morgens Proviant und einige vage Instruktionen. So mache ich mich mit meinem Tornister und meinem Gewehr wieder auf den Weg. Als ich ankomme, ist keiner von uns mehr in dem zerschossenen Ort. Ich höre, daß wir zu einer fliegenden Division geworden sind, die überall eingesetzt wird, wo es brenzlig ist. Das stimmt mich nicht heiter. Man erzählt mir von großen Verlusten, die wir gehabt haben sollen. Ich forsche nach Kat und Albert. Es weiß niemand etwas von ihnen.

Ich suche weiter und irre umher, das ist ein wunderliches Gefühl. Noch eine Nacht und eine zweite kampiere ich wie ein Indianer. Dann habe ich bestimmte Nachricht und kann mich nachmittags auf der Schreibstube melden.

Der Feldwebel behält mich da. Die Kompanie kommt in zwei Tagen zurück, es hat keinen Zweck mehr, mich hinauszuschicken. »Wie war's im Urlaub?« fragt er. »Schön, was?«

»Teils, teils«, sage ich.

»Jaja«, seufzt er, »wenn man nicht wieder weg müßte. Die zweite Hälfte wird dadurch immer schon verpfuscht.«

Ich lungere umher, bis die Kompanie morgens einrückt, grau, schmutzig, verdrossen und trübe. Da springe ich auf und dränge mich zwischen sie, meine Augen suchen, dort ist Tjaden, da schnaubt Müller, und da sind auch Kat und Kropp. Wir machen uns unsere Strohsäcke nebeneinander zurecht. Ich fühle mich schuldbewußt, wenn ich sie ansehe, und habe doch keinen Grund dazu. Bevor wir schlafen, hole ich den Rest der Kartoffelpuffer und der Marmelade heraus, damit sie auch etwas haben.

Die beiden äußeren Puffer sind angeschimmelt, man kann sie aber noch essen. Ich nehme sie für mich und gebe die frischeren Kat und Kropp.

Kat kaut und fragt: »Die sind wohl von Muttern?«

Ich nicke.

»Gut«, sagt er, »das schmeckt man heraus.«

Fast könnte ich weinen. Ich kenne mich selbst nicht mehr. Doch es wird schon wieder besser werden, hier mit Kat und Albert und den übrigen. Hier gehöre ich hin.

»Du hast Glück gehabt«, flüstert Kropp mir noch beim Einschlafen zu, »es heißt, wir kommen nach Rußland.«

Nach Rußland. Da ist ja kein Krieg mehr.

In der Ferne donnert die Front. Die Wände der Baracken klirren.

✳

Es wird mächtig geputzt. Ein Appell jagt den andern. Von allen Seiten werden wir revidiert. Was zerrissen ist, wird umgetauscht gegen gute Sachen. Ich erwische dabei einen tadellosen neuen Rock, Kat natürlich sogar eine volle Montur. Das Gerücht taucht auf, es gäbe Frieden, doch die andere Ansicht ist wahrscheinlicher: daß wir nach Rußland verladen werden. Aber wozu brauchen wir in Rußland bessere Sachen? Endlich sickert es durch: der Kaiser kommt zur Besichtigung. Deshalb die vielen Musterungen.

Acht Tage lang könnte man glauben, in einer Rekrutenkaserne zu sitzen, so wird gearbeitet und exerziert. Alles ist verdrossen und nervös, denn übermäßiges Putzen ist nichts für uns und Parademarsch noch weniger. Gerade solche Sachen verärgern den Soldaten mehr als der Schützengraben.

Endlich ist der Augenblick da. Wir stehen stramm, und der Kaiser erscheint. Wir sind neugierig, wie er aussehen mag. Er schreitet die Front entlang, und ich bin eigentlich etwas enttäuscht: nach den Bildern hatte ich ihn mir größer und mächtiger vorgestellt, vor allen Dingen mit einer donnernderen Stimme.

Er verteilt Eiserne Kreuze und spricht diesen und jenen an. Dann ziehen wir ab.

Nachher unterhalten wir uns. Tjaden sagt staunend: »Das ist nun der Alleroberste, den es gibt. Davor muß dann doch jeder strammstehen, jeder überhaupt!« Er überlegt: »Davor muß doch auch Hindenburg strammstehen, was?«

»Jawoll«, bestätigt Kat.

Tjaden ist noch nicht fertig. Er denkt eine Zeitlang nach und fragt: »Muß ein König vor einem Kaiser auch strammstehen?«

Keiner weiß das genau, aber wir glauben es nicht. Die sind beide schon so hoch, daß es da sicher kein richtiges Strammstehen mehr gibt.

»Was du dir für einen Quatsch ausbrütest«, sagt Kat. »Die Hauptsache ist, daß du selber strammstehst.«

Aber Tjaden ist völlig fasziniert. Seine sonst sehr trockene Phantasie arbeitet sich Blasen.

»Sieh mal«, verkündet er, »ich kann einfach nicht begreifen, daß ein Kaiser auch genauso zur Latrine muß wie ich.«

»Darauf kannst du Gift nehmen«, lacht Kropp.

»Verrückt und drei sind sieben«, ergänzt Kat, »du hast Läuse im Schädel, Tjaden, geh du nur selbst rasch los zur Latrine, damit du einen klaren Kopp kriegst und nicht wie ein Wickelkind redest.«

Tjaden verschwindet.

»Eins möchte ich aber doch noch wissen«, sagt Albert, »ob es Krieg gegeben hätte, wenn der Kaiser nein gesagt hätte.«

»Das glaube ich sicher«, werfe ich ein, – »er soll ja sowieso erst gar nicht gewollt haben.«

»Na, wenn er allein nicht, dann vielleicht doch, wenn so zwanzig, dreißig Leute in der Welt nein gesagt hätten.«

»Das wohl«, gebe ich zu, »aber die haben ja gerade gewollt.«

»Es ist komisch, wenn man sich das überlegt«, fährt Kropp fort, »wir sind doch hier, um unser Vaterland zu verteidigen. Aber die Franzosen sind doch auch da, um ihr Vaterland zu verteidigen. Wer hat nun recht?«

»Vielleicht beide«, sage ich, ohne es zu glauben.

»Ja, nun«, meint Albert, und ich sehe ihm an, daß er mich in die Enge treiben will, »aber unsere Professoren und Pastöre und Zeitungen sagen, nur wir hätten recht, und das wird ja hoffentlich auch so sein; – aber die französischen Professoren und Pastöre und Zeitungen behaupten, nur sie hätten recht, wie steht es denn damit?«

»Das weiß ich nicht«, sage ich, »auf jeden Fall ist Krieg, und jeden Monat kommen mehr Länder dazu.«

Tjaden erscheint wieder. Er ist noch immer angeregt und greift sofort wieder in das Gespräch ein, indem er sich erkundigt, wie eigentlich ein Krieg entstehe.

»Meistens so, daß ein Land ein anderes schwer beleidigt«, gibt Albert mit einer gewissen Überlegenheit zur Antwort.

Doch Tjaden stellt sich dickfellig. »Ein Land? Das verstehe ich nicht. Ein Berg in Deutschland kann doch einen Berg in Frankreich nicht beleidigen. Oder ein Fluß oder ein Wald oder ein Weizenfeld.«

»Bist du so dämlich oder tust du nur so?« knurrt Kropp. »So meine ich das doch nicht. Ein Volk beleidigt das andere –«

»Dann habe ich hier nichts zu suchen«, erwidert Tjaden, »ich fühle mich nicht beleidigt.«

»Dir soll man nun was erklären«, sagt Albert ärgerlich, »auf dich Dorfdeubel kommt es doch dabei nicht an.«

»Dann kann ich ja erst recht nach Hause gehen«, beharrt Tjaden, und alles lacht.

»Ach, Mensch, es ist doch das Volk als Gesamtheit, also der Staat –«, ruft Müller.

»Staat, Staat« – Tjaden schnippt schlau mit den Fingern –,

»Feldgendarmen, Polizei, Steuer, das ist euer Staat. Wenn du damit zu tun hast, danke schön.«

»Das stimmt«, sagt Kat, »da hast du zum ersten Male etwas Richtiges gesagt, Tjaden, Staat und Heimat, da ist wahrhaftig ein Unterschied.«

»Aber sie gehören doch zusammen«, überlegt Kropp, »eine Heimat ohne Staat gibt es nicht.«

»Richtig, aber bedenk doch mal, daß wir fast alle einfache Leute sind. Und in Frankreich sind die meisten Menschen doch auch Arbeiter, Handwerker oder kleine Beamte. Weshalb soll nun wohl ein französischer Schlosser oder Schuhmacher uns angreifen wollen? Nein, das sind nur die Regierungen. Ich habe nie einen Franzosen gesehen, bevor ich hierherkam, und den meisten Franzosen wird es ähnlich mit uns gehen. Die sind ebensowenig gefragt wie wir.«

»Weshalb ist dann überhaupt Krieg?« fragt Tjaden.

Kat zuckt die Achseln. »Es muß Leute geben, denen der Krieg nützt.«

»Na, ich gehöre nicht dazu«, grinst Tjaden.

»Du nicht, und keiner hier.«

»Wer denn nur?« beharrte Tjaden. »Dem Kaiser nützt er doch auch nicht. Der hat doch alles, was er braucht.«

»Das sag nicht«, entgegnet Kat, »einen Krieg hat er bis jetzt noch nicht gehabt. Und jeder größere Kaiser braucht mindestens einen Krieg, sonst wird er nicht berühmt. Sieh mal in deinen Schulbüchern nach.«

»Generäle werden auch berühmt durch den Krieg«, sagt Detering.

»Noch berühmter als Kaiser«, bestätigt Kat.

»Sicher stecken andere Leute, die am Krieg verdienen wollen, dahinter«, brummt Detering.

»Ich glaube, es ist mehr eine Art Fieber«, sagt Albert. »Keiner will es eigentlich, und mit einem Male ist es da. Wir haben den Krieg nicht gewollt, die andern behaupten dasselbe – und trotzdem ist die halbe Welt feste dabei.«

»Drüben wird aber mehr gelogen als bei uns«, erwidere ich, »denkt mal an die Flugblätter der Gefangenen, in denen stand, daß wir belgische Kinder fräßen. Die Kerle, die so was schreiben, sollten sie aufhängen. Das sind die wahren Schuldigen.«

Müller steht auf. »Besser auf jeden Fall, der Krieg ist hier als in Deutschland. Seht euch mal die Trichterfelder an!«

»Das stimmt«, pflichtet selbst Tjaden bei, »aber noch besser ist gar kein Krieg.«

Er geht stolz davon, denn er hat es uns Einjährigen nun mal gegeben. Und seine Meinung ist tatsächlich typisch hier, man begegnet ihr immer wieder und kann auch nichts Rechtes darauf entgegnen, weil mit ihr gleichzeitig das Verständnis für andere Zusammenhänge aufhört. Das Nationalgefühl des Muskoten besteht darin, daß er hier ist. Aber damit ist es auch zu Ende, alles andere beurteilt er praktisch und aus seiner Einstellung heraus.

Albert legt sich ärgerlich ins Gras. »Besser ist, über den ganzen Kram nicht zu reden.«

»Wird ja auch nicht anders dadurch«, bestätigt Kat.

Zum Überfluß müssen wir die neu empfangenen Sachen fast alle wieder abgeben und erhalten unsere alten Brocken wieder. Die guten waren nur zur Parade da.

*

Statt nach Rußland gehen wir wieder an die Front. Unterwegs kommen wir durch einen kläglichen Wald mit zerrissenen Stämmen und zerpflügtem Boden. An einigen Stellen sind furchtbare Löcher. »Donnerwetter, da hat es aber eingehauen«, sage ich zu Kat.

»Minenwerfer«, antwortet er und zeigt dann nach oben.

In den Ästen hängen Tote. Ein nackter Soldat hockt in einer Stammgabelung, er hat seinen Helm noch auf dem Kopf, sonst ist er unbekleidet. Nur eine Hälfte sitzt von ihm dort oben, ein Oberkörper, dem die Beine fehlen.

»Was ist da los gewesen?« frage ich.

»Den haben sie aus dem Anzug gestoßen«, knurrt Tjaden.

Kat sagt: »Es ist komisch, wir haben das nun schon ein paarmal gesehen. Wenn so eine Mine einwischt, wird man tatsächlich richtig aus dem Anzug gestoßen. Das macht der Luftdruck.«

Ich suche weiter. Es ist wirklich so. Dort hängen Uniformfetzen allein, anderswo klebt blutiger Brei, der einmal menschliche Glieder war. Ein Körper liegt da, der nur an einem Bein noch ein Stück Unterhose und um den Hals den Kragen des Waffenrockes hat. Sonst ist er nackt, der Anzug hängt im Baum herum. Beide Arme fehlen, als wären sie herausgedreht. Einen davon entdecke ich zwanzig Schritt weiter im Gebüsch.

Der Tote liegt auf dem Gesicht. Da, wo die Armwunden sind, ist die Erde schwarz von Blut. Unter den Füßen ist das Laub zerkratzt, als hätte der Mann noch gestrampelt.

»Kein Spaß, Kat«, sage ich.

»Ein Granatsplitter im Bauch auch nicht«, antwortet er achselzuckend.

»Nur nicht weich werden«, meint Tjaden.

Das Ganze kann nicht lange her sein, das Blut ist noch frisch. Da alle Leute, die wir sehen, tot sind, lassen wir uns nicht aufhalten, sondern melden die Sache bei der nächsten Sanitätsstation. Schließlich ist es ja auch nicht unsere Angelegenheit, diesen Tragbahrenhengsten die Arbeit abzunehmen.

*

Es soll eine Patrouille ausgeschickt werden, um festzustellen, wie weit die feindliche Stellung noch besetzt ist. Ich habe wegen meines Urlaubs irgendein sonderbares Gefühl den andern gegenüber und melde mich deshalb mit. Wir verabreden den Plan, schleichen durch den Draht und trennen uns dann, um einzeln vorzukriechen. Nach einer Weile finde ich einen flachen Trichter, in den ich mich hineingleiten lasse. Von hier luge ich aus.

Das Gelände hat mittleres Maschinengewehrfeuer. Es wird von allen Seiten bestrichen, nicht sehr stark, aber immerhin genügend, um die Knochen nicht allzu hoch zu nehmen.

Ein Leuchtschirm entfaltet sich. Das Terrain liegt erstarrt im fahlen Lichte da. Um so schwärzer schlägt hinterher die Dunkelheit wieder darüber zusammen. Im Graben haben sie vorhin erzählt, es wären Schwarze vor uns. Das ist unangenehm, man kann sie schlecht sehen, außerdem sind sie als Patrouillen sehr geschickt. Sonderbarerweise sind sie oft ebenso unvernünftig; – sowohl Kat als auch Kropp haben einmal auf Patrouille eine schwarze Gegenpatrouille erschossen, weil die Leute in ihrer Gier nach Zigaretten unterwegs rauchten. Kat und Albert brauchten nur die glimmenden Zigarettenköpfe als Ziel zu visieren.

Neben mir zischt eine kleine Granate ein. Ich habe sie nicht kommen gehört und erschrecke heftig. Im gleichen Augenblick faßt mich eine sinnlose Angst. Ich bin hier allein und fast hilflos im Dunkeln – vielleicht beobachten mich längst aus einem Trichter hervor zwei andere Augen, und eine Handgranate liegt wurffertig bereit, mich zu zerreißen. Ich versuche mich aufzuraffen. Es ist nicht meine erste Patrouille und auch keine besonders gefährliche. Aber es ist meine erste nach dem Urlaub, und außerdem ist das Gelände mir noch ziemlich fremd.

Ich mache mir klar, daß meine Aufregung Unsinn ist, daß im Dunkel wahrscheinlich gar nichts lauert, weil sonst nicht so flach geschossen würde.

Es ist vergeblich. In wirrem Durcheinander summen mir die Gedanken im Schädel – ich höre die warnende Stimme meiner Mutter, ich sehe die Russen mit den wehenden Bärten am Gitter lehnen, ich habe die helle, wunderbare Vorstellung einer Kantine mit Sesseln, eines Kinos in Valenciennes, ich sehe quälend, scheußlich in meiner Einbildung eine graue gefühllose Gewehrmündung, die lauernd lautlos mitgeht, wie ich auch den Kopf zu wenden versuche: mir bricht der Schweiß aus allen Poren.

Immer noch liege ich in meiner Mulde. Ich sehe auf die Uhr; es sind erst wenige Minuten vergangen. Meine Stirn ist naß, meine Augenhöhlen sind feucht, die Hände zittern, und ich keuche leise. Es ist nichts anderes als ein furchtbarer Angstanfall, eine einfach gemeine Hundeangst davor, den Kopf herauszustrecken und weiterzukriechen.

Wie ein Brei zerquillt meine Anspannung zu dem Wunsch, liegenbleiben zu können. Meine Glieder kleben am Boden, ich mache einen vergeblichen Versuch – sie wollen sich nicht lösen. Ich presse mich an die Erde, ich kann nicht vorwärts, ich fasse den Entschluß, liegenzubleiben.

Aber sofort überspült mich die Welle erneut, eine Welle aus Scham, Reue und doch auch Geborgenheit. Ich erhebe mich ein wenig, um Ausschau zu halten. Meine Augen brennen, so starre ich in das Dunkel. Eine Leuchtkugel geht hoch; – ich ducke mich wieder.

Ich kämpfe einen sinnlosen, wirren Kampf, ich will aus der Mulde heraus und rutsche doch wieder hinein, ich sage, »du mußt, es sind deine Kameraden, es ist ja nicht irgendein dummer Befehl«, – und gleich darauf: »Was geht es mich an, ich habe nur ein Leben zu verlieren –«

Das macht alles dieser Urlaub, entschuldige ich mich erbittert. Aber ich glaube es selbst nicht, mir wird entsetzlich flau, ich erhebe mich langsam und stemme die Arme vor, ziehe den Rücken nach und liege jetzt halb auf dem Rande des Trichters.

Da vernehme ich Geräusche und zucke zurück. Man hört trotz des Artillerielärms verdächtige Geräusche. Ich lausche – das Geräusch ist hinter mir. Es sind Leute von uns, die durch den Graben gehen. Nun höre ich auch gedämpfte Stimmen. Es könnte dem Tone nach Kat sein, der da spricht.

Eine ungemeine Wärme durchflutet mich mit einemmal. Diese Stimmen, diese wenigen, leisen Worte, diese Schritte im Graben hinter mir reißen mich mit einem Ruck aus der fürchterlichen Vereinsamung der Todesangst, der ich beinahe verfallen wäre. Sie sind mehr als mein Leben, diese Stimmen, sie sind mehr als Mütterlichkeit und Angst, sie sind das Stärkste und Schützendste, was es überhaupt gibt: es sind die Stimmen meiner Kameraden.

Ich bin nicht mehr ein zitterndes Stück Dasein allein im Dunkel – ich gehöre zu ihnen und sie zu mir, wir haben alle die gleiche Angst und das gleiche Leben, wir sind verbunden auf eine einfache und schwere Art. Ich möchte mein Gesicht in sie hineindrücken, in die Stimmen, diese paar Worte, die mich gerettet haben und die mir beistehen werden.

*

Vorsichtig gleite ich über den Rand und schlängele mich vorwärts. Auf allen vieren schlurfe ich weiter; es geht gut, ich peile die Richtung an, schaue mich um und merke mir das Bild des Geschützfeuers, um zurückzufinden. Dann suche ich Anschluß an die andern zu bekommen.

Immer noch habe ich Angst, aber es ist eine vernünftige Angst, eine außerordentlich gesteigerte Vorsicht. Die Nacht ist windig, und Schatten gehen hin und her beim Aufflackern des Mündungsfeuers. Man sieht dadurch zu wenig und zu viel. Oft erstarre ich, aber es ist immer nichts. So komme ich ziemlich weit vor und kehre dann im Bogen wieder um. Den Anschluß habe ich nicht gefunden. Jeder Meter näher zu unserm Graben erfüllt mich mit Zuversicht – allerdings auch mit größerer Hast. Es wäre nicht schön, jetzt noch eins verpaßt zu kriegen.

Da durchfährt mich ein neuer Schreck. Ich kann die Richtung nicht mehr genau wiedererkennen. Still hocke ich mich in einen Trichter und versuche mich zu orientieren. Es ist mehr als einmal vorgekommen, daß jemand vergnügt in einen Graben sprang und dann erst entdeckte, daß es der falsche war.

Nach einiger Zeit horche ich wieder. Immer noch bin ich nicht richtig. Das Trichtergewirr erscheint mir jetzt so unübersichtlich, daß ich vor Aufregung überhaupt nicht mehr weiß, wohin ich mich wenden soll. Vielleicht krieche ich parallel zu den Gräben, das kann ja endlos dauern. Deshalb schlage ich wieder einen Haken.

Diese verfluchten Leuchtschirme! Sie scheinen eine Stunde zu brennen, man kann keine Bewegung machen, ohne daß es gleich um einen herum pfeift.

Doch es hilft nichts, ich muß heraus. Stockend arbeite ich mich weiter, ich krebse über den Boden weg und reiße mir die Hände wund an den zackigen Splittern, die scharf wie Rasiermesser sind. Manchmal habe ich den Eindruck, als wenn der Himmel etwas heller würde am Horizont, doch das kann auch Einbildung sein. Allmählich aber merke ich, daß ich um mein Leben krieche.

Eine Granate knallt. Gleich darauf zwei andere. Und schon geht es los. Ein Feuerüberfall. Maschinengewehre knattern. Jetzt gibt es vorläufig nichts anderes, als liegenzubleiben. Es scheint ein Angriff zu werden. Überall steigen Leuchtraketen. Ununterbrochen.

Ich liege gekrümmt in einem großen Trichter, die Beine im Wasser bis zum Bauch. Wenn der Angriff einsetzt, werde ich mich ins Wasser fallen lassen, so weit es geht, ohne zu ersticken, das Gesicht im Dreck. Ich muß den toten Mann markieren.

Plötzlich höre ich, wie das Feuer zurückspringt. Sofort rutsche ich nach unten ins Grundwasser, den Helm ganz im Genick, den Mund nur so weit hoch, daß ich knapp Luft habe.

Dann werde ich bewegungslos; – denn irgendwo klirrt etwas, es tappt und trappst näher, – in mir ziehen sich alle Nerven eisig zusammen. Es klirrt über mich hinweg, der erste Trupp ist vorbei. Ich habe nur den einen zersprengenden Gedanken gehabt: Was tust du, wenn jemand in deinen Trichter springt? – Jetzt zerre ich rasch den kleinen Dolch heraus, fasse ihn fest und verberge ihn mit der Hand wieder im Schlamm. Ich werde sofort losstechen, wenn jemand hereinspringt, hämmert es in meiner Stirn, sofort die Kehle durchstoßen, damit er nicht schreien kann, es geht nicht anders, er wird ebenso erschrocken sein wie ich, und schon vor Angst werden wir übereinander herfallen, da muß ich der erste sein.

Nun schießen unsere Batterien. In meiner Nähe schlägt es ein. Das macht mich irrsinnig wild, es fehlt mir noch, daß mich die eigenen Geschosse treffen; ich fluche und knirsche in den Dreck hinein; es ist ein wütender Ausbruch, zuletzt kann ich nur noch stöhnen und bitten.

Das Gekrach der Granaten trifft mein Ohr. Wenn unsere Leute einen Gegenstoß machen, bin ich befreit. Ich presse den Kopf an die Erde und höre das dumpfe Donnern wie ferne Bergwerksexplosionen – und hebe ihn wieder, um auf die Geräusche oben zu lauschen.

Die Maschinengewehre knarren. Ich weiß, daß unsere Drahtverhaue fest und fast unbeschädigt sind; – ein Teil davon ist mit Starkstrom geladen. Das Gewehrfeuer schwillt an. Sie kommen nicht durch, sie müssen zurück. Ich sinke wieder zusammen, gespannt bis zum Äußersten. Das Klappern und Schleichen, das Klirren wird hörbar. Ein einzelner Schrei gellend dazwischen. Sie werden beschossen, der Angriff ist abgeschlagen.

*

Es ist noch etwas heller geworden. An mir vorüber hasten Schritte. Die ersten. Vorbei. Wieder andere. Das Knarren der Maschinengewehre wird eine ununterbrochene Kette. Gerade will ich mich etwas umdrehen, da poltert es, und schwer und klatschend fällt ein Körper zu mir in den Trichter, rutscht ab, liegt auf mir –

Ich denke nichts, ich fasse keinen Entschluß – ich stoße rasend zu und fühle nur, wie der Körper zuckt und dann weich wird und zusammensackt. Meine Hand ist klebrig und naß, als ich zu mir komme.

Der andere röchelt. Es scheint mir, als ob er brüllt, jeder Atemzug ist wie ein Schrei, ein Donnern – aber es sind nur meine Adern, die so klopfen. Ich möchte ihm den Mund zuhalten, Erde hineinstopfen, noch einmal zustechen, er soll still sein, er verrät mich; doch ich bin schon so weit zu mir gekommen und auch so schwach plötzlich, daß ich nicht mehr die Hand gegen ihn heben kann.

So krieche ich in die entfernteste Ecke und bleibe dort, die Augen starr auf ihn gerichtet, das Messer umklammert, bereit, wenn er sich rührt, wieder auf ihn loszugehen – aber er wird nichts mehr tun, das höre ich schon an seinem Röcheln.

Undeutlich kann ich ihn sehen. Nur der eine Wunsch ist

in mir, wegzukommen. Wenn es nicht bald ist, wird es zu hell; schon jetzt ist es schwer. Doch als ich versuche, den Kopf hochzunehmen, sehe ich bereits die Unmöglichkeit ein. Das Maschinengewehrfeuer ist derartig gedeckt, daß ich durchlöchert werde, ehe ich einen Sprung tue.

Ich probiere es noch einmal mit meinem Helm, den ich etwas emporschiebe und anhebe, um die Höhe der Geschosse festzustellen. Einen Augenblick später wird er mir durch eine Kugel aus der Hand geschlagen. Das Feuer streicht also ganz niedrig über das Terrain. Ich bin nicht weit genug von der feindlichen Stellung entfernt, um nicht von den Scharfschützen gleich erwischt zu werden, wenn ich versuche, auszureißen.

Das Licht nimmt zu. Ich warte brennend auf einen Angriff von uns. Meine Hände sind weiß an den Knöcheln, so presse ich sie zusammen, so flehe ich, das Feuer möge aufhören und meine Kameraden möchten kommen.

Minute um Minute versickert. Ich wage keinen Blick mehr zu der dunklen Gestalt im Trichter. Angestrengt sehe ich vorbei und warte, warte. Die Geschosse zischen, sie sind ein stählernes Netz, es hört nicht auf, es hört nicht auf.

Da erblicke ich meine blutige Hand und fühle jähe Übelkeit. Ich nehme Erde und reibe damit über die Haut, jetzt ist die Hand wenigstens schmutzig, und man sieht das Blut nicht mehr.

Das Feuer läßt nicht nach. Von beiden Seiten ist es jetzt gleich stark. Man hat mich bei uns wahrscheinlich längst verlorengegeben.

*

Es ist heller, grauer, früher Tag. Das Röcheln tönt fort. Ich halte mir die Ohren zu, nehme aber die Finger bald wieder heraus, weil ich sonst auch das andere nicht hören kann.

Die Gestalt gegenüber bewegt sich. Ich schrecke zusammen und sehe unwillkürlich hin. Jetzt bleiben meine Augen wie festgeklebt hängen. Ein Mann mit einem kleinen Schnurrbart liegt da, der Kopf ist zur Seite gefallen, ein Arm ist halb gebeugt, der Kopf drückt kraftlos darauf. Die andere Hand liegt auf der Brust, sie ist blutig.

Er ist tot, sage ich mir, er muß tot sein, er fühlt nichts mehr – was da röchelt, ist nur noch der Körper. Doch der Kopf versucht sich zu heben, das Stöhnen wird einen Moment stärker, dann sinkt die Stirn wieder auf den Arm zurück. Der Mann ist nicht tot, er stirbt, aber er ist nicht tot. Ich schiebe mich heran, halte inne, stütze mich auf die Hände, rutsche wieder etwas weiter, warte – weiter, einen gräßlichen Weg von drei Metern, einen langen, furchtbaren Weg. Endlich bin ich neben ihm.

Da schlägt er die Augen auf. Er muß mich noch gehört haben und sieht mich mit einem Ausdruck furchtbaren Entsetzens an. Der Körper liegt still, aber in den Augen ist eine so ungeheure Flucht, daß ich einen Moment glaube, sie würden die Kraft haben, den Körper mit sich zu reißen. Hunderte von Kilometern weit weg mit einem einzigen Ruck. Der Körper ist still, völlig ruhig, ohne Laut jetzt, das Röcheln ist verstummt, aber die Augen schreien, brüllen, in ihnen ist alles Leben versammelt zu einer unfaßbaren Anstrengung, zu entfliehen, zu einem schrecklichen Grausen vor dem Tode, vor mir.

Ich knicke in den Gelenken ein und falle auf die Ellbogen.

»Nein, nein«, flüstere ich.

Die Augen folgen mir. Ich bin unfähig, eine Bewegung zu machen, solange sie da sind.

Da fällt seine Hand langsam von der Brust, nur ein geringes Stück, sie sinkt um wenige Zentimeter, doch diese Bewegung löst die Gewalt der Augen auf. Ich beuge mich vor, schüttelte den Kopf und flüstere: »Nein, nein, nein«, ich hebe eine Hand, ich muß ihm zeigen, daß ich ihm helfen will, und streiche über seine Stirn.

Die Augen sind zurückgezuckt, als die Hand kam, jetzt verlieren sie ihre Starre, die Wimpern sinken tiefer, die Spannung läßt nach. Ich öffne ihm den Kragen und schiebe den Kopf bequemer zurecht.

Der Mund steht halb offen, er bemüht sich, Worte zu formen. Die Lippen sind trocken. Meine Feldflasche ist nicht da, ich habe sie nicht mitgenommen. Aber es ist Wasser in dem Schlamm unten im Trichter. Ich klettere hinab, ziehe mein Taschentuch heraus, breite es aus, drücke es hinunter und schöpfe mit der hohlen Hand das gelbe Wasser, das hindurchquillt.

Er schluckt es. Ich hole neues. Dann knöpfe ich seinen Rock auf, um ihn zu verbinden, wenn es geht. Ich muß es auf jeden Fall tun, damit die drüben, wenn ich gefangen werden sollte, sehen, daß ich ihm helfen wollte, und mich nicht erschießen. Er versucht sich zu wehren, doch die Hand ist zu schlaff dazu. Das Hemd ist verklebt und läßt sich nicht beiseite schieben, es ist hinten geknöpft. So bleibt nichts übrig, als es aufzuschneiden.

Ich suche das Messer und finde es wieder. Aber als ich anfange, das Hemd zu zerschneiden, öffnen sich die Augen noch einmal, und wieder ist das Schreien darin und der wahnsinnige Ausdruck, so daß ich sie zuhalten, zudrücken muß und flüstern: »Ich will dir ja helfen, Kamerad, camarade, camarade, camarade –«, eindringlich das Wort, damit er es versteht.

Drei Stiche sind es. Meine Verbandspäckchen bedecken sie, das Blut läuft darunter weg, ich drücke sie fester auf, da stöhnt er.

Es ist alles, was ich tun kann. Wir müssen jetzt warten, warten.

*

gurgling

Diese Stunden. – Das Röcheln setzt wieder ein – wie langsam stirbt doch ein Mensch! Denn das weiß ich: er ist nicht zu retten. Ich habe zwar versucht, es mir auszureden, aber mittags ist dieser Vorwand vor seinem Stöhnen zerschmolzen, zerschossen. Wenn ich nur meinen Revolver nicht beim Kriechen verloren hätte, ich würde ihn erschießen. Erstechen kann ich ihn nicht.

Mittags dämmere ich an der Grenze des Denkens dahin. Hunger zerwühlt mich, ich muß fast weinen darüber, essen zu wollen, aber ich kann nicht dagegen ankämpfen. Mehrere Male hole ich dem Sterbenden Wasser und trinke auch selbst davon.

Es ist der erste Mensch, den ich mit meinen Händen getötet habe, den ich genau sehen kann, dessen Sterben mein Werk ist. Kat und Kropp und Müller haben auch schon gesehen, wenn sie jemand getroffen haben, vielen geht es so, im Nahkampf ja oft –

Aber jeder Atemzug legt mein Herz bloß. Dieser Sterbende hat die Stunden für sich, er hat ein unsichtbares Messer, mit dem er mich ersticht: die Zeit und meine Gedanken.

Ich würde viel darum geben, wenn er am Leben bliebe. Es ist schwer, dazuliegen und ihn sehen und hören zu müssen.

Nachmittags um drei Uhr ist er tot.

Ich atme auf. Doch nur für kurze Zeit. Das Schweigen erscheint mir bald noch schwerer zu ertragen als das Stöhnen. Ich wollte, das Röcheln wäre wieder da, stoßweise, heiser, einmal pfeifend leise und dann wieder heiser und laut.

Es ist sinnlos, was ich tue. Aber ich muß Beschäftigung haben. So lege ich den Toten noch einmal zurecht, damit er bequemer liegt, obschon er nichts mehr fühlt. Ich schließe ihm die Augen. Sie sind braun, das Haar ist schwarz, an den Seiten etwas lockig.

Der Mund ist voll und weich unter dem Schnurrbart, die Nase ist ein wenig gebogen, die Haut bräunlich, sie sieht jetzt nicht mehr so fahl aus wie vorhin, als er noch lebte. Einen Augenblick scheint das Gesicht sogar beinahe gesund zu sein – dann verfällt es rasch zu einem der fremden Totenantlitze, die ich oft gesehen habe und die sich alle gleichen.

Seine Frau denkt sicher jetzt an ihn; sie weiß nicht, was geschehen ist. Er sieht aus, als wenn er ihr oft geschrieben hätte; – sie wird auch noch Post von ihm bekommen – morgen, in einer Woche –, vielleicht einen verirrten Brief noch in einem Monat. Sie wird ihn lesen, und er wird darin zu ihr sprechen.

Mein Zustand wird immer schlimmer, ich kann meine Gedanken nicht mehr halten. Wie mag die Frau aussehen? Wie die Dunkle, Schmale jenseits des Kanals? Gehört sie mir nicht? Vielleicht gehört sie mir jetzt hierdurch! Säße Kantorek doch hier neben mir! Wenn meine Mutter mich so sähe –. Der Tote hätte sicher noch dreißig Jahre leben können, wenn ich mir den Rückweg schärfer eingeprägt hätte. Wenn er zwei Meter weiter nach links gelaufen wäre, läge er jetzt drüben im Graben und schriebe einen neuen Brief an seine Frau.

Doch so komme ich nicht weiter; denn das ist das Schicksal von uns allen; hätte Kemmerich sein Bein zehn Zentimeter weiter rechts gehalten, hätte Haie sich fünf Zentimeter weiter vorgebeugt –

*

Das Schweigen dehnt sich. Ich spreche und muß sprechen. So rede ich ihn an und sage es ihm. »Kamerad, ich wollte dich nicht töten. Sprängst du noch einmal hier hinein, ich täte es nicht, wenn auch du vernünftig wärest. Aber du warst mir vorher nur ein Gedanke, eine Kombination, die in meinem Gehirn lebte und einen Entschluß hervorrief – diese Kombination habe ich erstochen. Jetzt sehe ich erst, daß du ein Mensch bist wie ich. Ich habe gedacht an deine Handgranaten, an dein Bajonett und deine Waffen – jetzt sehe ich deine Frau und dein Gesicht und das Gemeinsame. Vergib mir, Kamerad! Wir sehen es immer zu spät. Warum sagt man uns nicht immer wieder, daß ihr ebenso arme Hunde seid wie wir, daß eure Mütter sich ebenso ängstigen wie unsere und daß wir die gleiche Furcht vor dem Tode haben und das gleiche Sterben und den gleichen Schmerz –. Vergib mir, Kamerad, wie konntest du mein Feind sein. Wenn wir diese Waffen und diese Uniform fortwerfen, könntest du ebenso mein Bruder sein wie Kat und Albert. Nimm zwanzig Jahre von mir, Kamerad, und stehe auf – nimm mehr, denn ich weiß nicht, was ich damit beginnen soll.«

Es ist still, die Front ist ruhig bis auf das Gewehrgeknatter. Die Kugeln liegen dicht, es wird nicht planlos geschossen, sondern auf allen Seiten scharf gezielt. Ich kann nicht hinaus.

»Ich will deiner Frau schreiben«, sage ich hastig zu dem Toten, »ich will ihr schreiben, sie soll es durch mich erfahren, ich will ihr alles sagen, was ich dir sage, sie soll nicht leiden, ich will ihr helfen und deinen Eltern auch und deinem Kinde –«

Seine Uniform steht noch halb offen. Die Brieftasche ist leicht zu finden. Aber ich zögere, sie zu öffnen. In ihr ist das Buch mit seinem Namen. Solange ich seinen Namen nicht weiß, kann ich ihn vielleicht noch vergessen, die Zeit wird es tilgen, dieses Bild. Sein Name aber ist ein Nagel, der in mir eingeschlagen wird und nie mehr herauszubringen ist. Er hat die Kraft, alles immer wieder zurückzurufen, er wird stets wiederkommen und vor mich hintreten können.

Ohne Entschluß halte ich die Brieftasche in der Hand. Sie entfällt mir und öffnet sich. Einige Bilder und Briefe fallen heraus. Ich sammle sie auf und will sie wieder hineinpakken, aber der Druck, unter dem ich stehe, die ganze ungewisse Lage, der Hunger, die Gefahr, diese Stunden mit dem Toten haben mich verzweifelt gemacht, ich will die Auflösung beschleunigen und die Quälerei verstärken und enden, wie man eine unerträglich schmerzende Hand gegen einen Baum schmettert, ganz gleich, was wird.

Es sind Bilder einer Frau und eines kleinen Mädchens, schmale Amateurfotografien vor einer Efeuwand. Neben ihnen stecken Briefe. Ich nehme sie heraus und versuche sie zu lesen. Das meiste verstehe ich nicht, es ist schlecht zu entziffern, und ich kann nur wenig Französisch. Aber jedes Wort, das ich übersetze, dringt mir wie ein Schuß in die Brust – wie ein Stich in die Brust –

Mein Kopf ist völlig überreizt. Aber so viel begreife ich noch, daß ich diesen Leuten nie schreiben darf, wie ich es dachte vorhin. Unmöglich. Ich sehe die Bilder noch einmal an; es sind keine reichen Leute. Ich könnte ihnen ohne Namen Geld schicken, wenn ich später etwas verdiene. Daran klammere ich mich, das ist ein kleiner Halt wenigstens. Dieser Tote ist mit meinem Leben verbunden, deshalb muß ich alles tun und versprechen, um mich zu retten; ich gelobe blindlings, daß ich nur für ihn dasein will und seine Familie, – mit nassen Lippen rede ich auf ihn ein, und ganz tief in mir sitzt dabei die Hoffnung, daß ich mich dadurch freikaufe und vielleicht hier doch noch herauskomme, eine kleine Hinterlist, daß man nachher immer noch erst einmal sehen könne. Und deshalb schlage ich das Buch auf und lese langsam: Gérard Duval, Typograph.

Ich schreibe die Adresse mit dem Bleistift des Toten auf einen Briefumschlag und schiebe dann plötzlich rasch alles in seinen Rock zurück.

Ich habe den Buchdrucker Gérard Duval getötet. Ich muß Buchdrucker werden, denke ich ganz verwirrt, Buchdrukker werden, Buchdrucker –

*

Nachmittags bin ich ruhiger. Meine Furcht war unbegründet. Der Name verwirrt mich nicht mehr. Der Anfall vergeht. »Kamerad«, sage ich zu dem Toten hinüber, aber ich sage es gefaßt. »Heute du, morgen ich. Aber wenn ich davonkomme, Kamerad, will ich kämpfen gegen dieses, das uns beide zerschlug: dir das Leben – und mir –? Auch das Leben. Ich verspreche es dir, Kamerad. Es darf nie wieder geschehen.«

Die Sonne steht schräg. Ich bin dumpf vor Erschöpfung und Hunger. Das Gestern ist mir wie ein Nebel, ich hoffe nicht, hier noch hinauszugelangen. So döse ich dahin und begreife nicht einmal, daß es Abend wird. Die Dämmerung kommt. Es scheint mir rasch jetzt. Noch eine Stunde. Wäre es Sommer, noch drei Stunden. Noch eine Stunde.

Nun beginne ich plötzlich zu zittern, daß etwas dazwischenkäme. Ich denke nicht mehr an den Toten, er ist mir jetzt völlig gleichgültig. Mit einem Schlage springt die Lebensgier auf, und alles, was ich mir vorgenommen habe, versinkt davor. Nur um jetzt nicht noch Unglück zu haben, plappere ich mechanisch: »Ich werde alles halten, was ich dir versprochen habe –«, aber ich weiß schon jetzt, daß ich es nicht tun werde.

Plötzlich fällt mir ein, daß meine eigenen Kameraden auf mich schießen können, wenn ich ankrieche; sie wissen es ja nicht. Ich werde rufen, so früh es geht, damit sie mich verstehen. So lange will ich vor dem Graben liegenbleiben, bis sie mir antworten.

Der erste Stern. Die Front bleibt ruhig. Ich atme auf und spreche vor Aufregung mit mir selbst: »Jetzt keine Dummheit, Paul – Ruhe, Ruhe, Paul –, dann bist du gerettet, Paul.« Es wirkt, wenn ich meinen Vornamen sage, das ist, als täte es ein anderer, und hat so mehr Gewalt.

Die Dunkelheit wächst. Meine Aufregung legt sich, ich warte aus Vorsicht, bis die ersten Raketen steigen. Dann krieche ich aus dem Trichter. Den Toten habe ich vergessen. Vor mir liegt die beginnende Nacht und das bleich beleuchtete Feld. Ich fasse ein Loch ins Auge; im Moment, wo das Licht erlischt, schnelle ich hinüber, taste weiter, erwische das nächste, ducke mich, husche weiter.

Ich komme näher. Da sehe ich bei einer Rakete, wie im Draht sich etwas eben noch bewegt, ehe es erstarrt, und liege still. Beim nächstenmal sehe ich es wieder, es sind bestimmt Kameraden aus unserm Graben. Aber ich bin vorsichtig, bis ich unsere Helme erkenne. Dann rufe ich.

Gleich darauf erschallt als Antwort mein Name: »Paul – Paul –«

Ich rufe wieder. Es sind Kat und Albert, die mit einer Zeltbahn losgegangen sind, um mich zu suchen.

»Bist du verwundet?«

»Nein, nein –«

Wir rutschen in den Graben. Ich verlange Essen und schlinge es hinunter. Müller gibt mir eine Zigarette. Ich sage mit wenigen Worten, was geschehen ist. Es ist ja nichts Neues; so was ist schon oft passiert. Nur der Nachtangriff ist das Besondere bei der Sache. Aber Kat hat in Rußland schon einmal zwei Tage hinter der russischen Front gelegen, ehe er sich durchschlagen konnte.

Von dem toten Buchdrucker sage ich nichts.

Erst am nächsten Morgen halte ich es nicht mehr aus. Ich muß es Kat und Albert erzählen. Sie beruhigen mich beide. »Du kannst gar nichts daran machen. Was wolltest du anders tun. Dazu bist du doch hier!«

Ich höre ihnen geborgen zu, getröstet durch ihre Nähe. Was habe ich nur für einen Unsinn zusammengefaselt da in dem Trichter.

»Sieh mal dahin«, zeigt Kat.

An den Brustwehren stehen einige Scharfschützen. Sie haben Gewehre mit Zielfernrohren aufliegen und lauern den Abschnitt drüben ab. Hin und wieder knallt ein Schuß.

Jetzt hören wir Ausrufe. »Das hat gesessen?« – »Hast du gesehen, wie er hochsprang?« Sergeant Oellrich wendet sich stolz um und notiert seinen Punkt. Er führt in der Schußliste von heute mit drei einwandfrei festgestellten Treffern.

»Was sagst du dazu?« fragt Kat.

Ich nicke.

»Wenn er so weitermacht, hat er heute abend ein buntes Vögelchen mehr im Knopfloch«, meint Kropp.

»Oder er wird bald Vizefeldwebel«, ergänzt Kat.

Wir sehen uns an. »Ich würde es nicht machen«, sage ich.

»Immerhin«, sagt Kat, »es ist ganz gut, daß du es jetzt gerade siehst.«

Sergeant Oellrich tritt wieder an die Brustwehr. Die Mündung seines Gewehrs geht hin und her.

»Da brauchst du über deine Sache kein Wort mehr zu ver-
lieren«, nickt Albert.
Ich begreife mich jetzt auch selbst nicht mehr.
»Es war nur, weil ich so lange mit ihm zusammen liegen
mußte«, sage ich. Krieg ist Krieg schließlich.
Oellrichs Gewehr knallt kurz und trocken.

10

Wir haben einen guten Posten erwischt. Mit acht Mann müssen wir ein Dorf bewachen, das geräumt worden ist, weil es zu stark beschossen wird.

Hauptsächlich sollen wir auf das Proviantamt achten, das noch nicht leer ist. Verpflegung müssen wir uns aus den Beständen selbst besorgen. Dafür sind wir die richtigen Leute – Kat, Albert, Müller, Tjaden, Leer, Detering, unsere ganze Gruppe ist da. Allerdings, Haie ist tot. Aber das ist noch ein mächtiges Glück, denn alle anderen Gruppen haben mehr Verluste als unsere gehabt.

Als Unterstand wählen wir einen betonierten Keller, zu dem von außen eine Treppe hinunterführt. Der Eingang ist noch durch eine besondere Betonmauer geschützt.

Jetzt entfalten wir eine große Tätigkeit. Es ist wieder eine Gelegenheit, nicht nur die Beine, sondern auch die Seele zu strecken. Und solche Gelegenheiten nehmen wir wahr; denn unsere Lage ist zu verzweifelt, um lange sentimental sein zu können. Das ist nur möglich, solange es noch nicht ganz schlimm ist. Uns jedoch bleibt nichts anderes, als sachlich zu sein. So sachlich, daß mir manchmal graut, wenn einen Augenblick ein Gedanke aus der früheren Zeit, vor dem Kriege, sich in meinen Kopf verirrt. Er bleibt auch nicht lange.

Wir müssen unsere Lage so leicht nehmen wie möglich. Deshalb nützen wir jede Gelegenheit dazu, und unmittelbar, hart, ohne Übergang steht neben dem Grauen der Blödsinn. Wir können gar nicht anders, wir stürzen uns hinein. Auch jetzt geht es mit Feuereifer daran, ein Idyll zu schaffen, ein Idyll des Fressens und Schlafens natürlich.

Die Bude wird zunächst einmal mit Matratzen belegt, die wir aus den Häusern heranschleppen. Ein Soldatenhintern sitzt gern auch mal weich. Nur in der Mitte des Raumes bleibt der Boden frei. Dann besorgen wir uns Decken und Federbetten, prachtvolle weiche Dinger. Von allem ist im Dorf ja genügend vorhanden. Albert und ich finden ein zerlegbares Mahagonibett mit einem Himmel aus blauer Seide und Spitzenüberwurf. Wir schwitzen wie die Affen beim Transport, aber so was kann man sich doch nicht entgehen lassen, zumal es in ein paar Tagen doch sicher zerschossen wird.

Kat und ich machen einen kleinen Patrouillengang durch die Häuser. Nach kurzer Zeit haben wir ein Dutzend Eier und zwei Pfund ziemlich frische Butter gefaßt. Plötzlich kracht es in einem Salon, und ein eiserner Ofen saust durch die Wand, an uns vorbei, einen Meter neben uns wieder durch die Wand. Zwei Löcher. Er kommt aus dem Hause gegenüber, in das eine Granate gehauen ist. »Schwein gehabt«, grinst Kat, und wir suchen weiter. Mit einem Male spitzen wir die Ohren und machen lange Beine. Gleich darauf stehen wir wie verzaubert: In einem kleinen Stall tummeln sich zwei lebende Ferkel. Wir reiben uns die Augen und sehen vorsichtig wieder hin: sie sind tatsächlich noch immer da. Wir fassen sie an – kein Zweifel, es sind zwei wirkliche junge Schweine.

Das gibt ein herrliches Essen. Etwa fünfzig Schritt von unserm Unterstand entfernt steht ein kleines Haus, das als Offiziersquartier gedient hat. In der Küche befindet sich ein riesiger Herd mit zwei Feuerrosten, Pfannen, Töpfen und Kesseln. Alles ist da, sogar eine Unmenge kleingehacktes Holz steckt in einem Schuppen – das wahre Schlaraffenhaus.

Zwei Mann sind seit dem Morgen auf den Feldern und suchen Kartoffeln, Mohrrüben und junge Erbsen. Wir sind nämlich üppig und pfeifen auf die Konserven des Proviantamts, wir wollen frische Sachen haben. In der Speisekammer liegen schon zwei Köpfe Blumenkohl. Die Ferkel sind geschlachtet. Kat hat das erledigt. Zu dem Braten wollen wir Kartoffelpuffer machen. Aber wir finden keine Reiben für die Kartoffeln. Doch auch da ist bald abgeholfen. In Blechdeckel schlagen wir mit Nägeln eine Menge Löcher, und schon sind es Reiben. Drei Mann ziehen dicke Handschuhe an, um die Finger beim Reiben zu schonen, zwei andere schälen Kartoffeln, und es geht rasch vorwärts.

Kat betreut die Ferkel, die Mohrrüben, die Erbsen und den Blumenkohl. Zu dem Blumenkohl mischt er sogar eine weiße Soße zurecht. Ich backe Puffer, immer vier zu gleicher Zeit. Nach zehn Minuten habe ich es heraus, die Pfanne so zu schwenken, daß die auf der einen Seite fertigen Puffer hochfliegen, sich in der Luft drehen und wieder aufgefangen werden. Die Ferkel werden unzerschnitten gebraten. Alles steht um sie herum wie um einen Altar.

Inzwischen ist Besuch gekommen, zwei Funker, die freigebig zum Essen eingeladen werden. Sie sitzen im Wohnzimmer, wo ein Klavier steht. Einer spielt, der andere singt: »An der Weser«. Er singt es gefühlvoll, aber ziemlich sächsisch. Trotzdem ergreift es uns, während wir so am Herd all die schönen Sachen vorbereiten.

Allmählich merken wir, daß wir Kattun kriegen. Die Fesselballons haben den Rauch aus unserm Schornstein spitz bekommen, und wir werden mit Feuer belegt. Es sind die verfluchten kleinen Spritzbiester, die so ein kleines Loch machen und so weit und niedrig streuen. Immer näher pfeift es um uns herum, aber wir können doch das Essen nicht im Stich lassen. Die Bande schießt sich ein. Ein paar Splitter sausen oben durchs Küchenfenster. Wir sind bald mit dem Braten fertig. Doch das Pufferbacken wird jetzt schwieriger. Die Einschläge kommen so dicht, daß oft und öfter die Splitter gegen die Hauswand klatschen und durch die Fenster fegen. Jedesmal, wenn ich ein Ding heranpfeifen höre, gehe ich mit der Pfanne und den Puffern in die Knie und ducke mich hinter die Fenstermauer. Sofort danach bin ich wieder hoch und backe weiter.

Die Sachsen hören auf zu spielen, ein Splitter ist ins Klavier geflogen. Auch wir sind jetzt allmählich fertig und organisieren den Rückzug. Nach dem nächsten Einschlag laufen zwei Mann mit den Gemüsetöpfen los, die fünfzig Meter bis zum Unterstand. Wir sehen sie verschwinden.

Der nächste Schuß. Alles duckt sich, und dann traben zwei Mann mit je einer großen Kanne erstklassigem Bohnenkaffee ab und erreichen vor dem folgenden Einschlag den Unterstand.

Jetzt schnappen sich Kat und Kropp das Glanzstück: die große Pfanne mit den braungebratenen Ferkeln. Ein Heulen, eine Kniebeuge, und schon rasen sie über die fünfzig Meter freies Feld.

Ich backe meine letzten vier Puffer noch fertig; zweimal muß ich dabei auf den Boden – aber es sind schließlich vier Puffer mehr, und es ist mein Lieblingsessen.

Dann ergreife ich die Platte mit dem hohen Stapel und presse mich hinter die Haustür. Es zischt, kracht, und ich galoppiere davon, mit beiden Händen die Platte an die Brust gedrückt. Fast bin ich angelangt, da pfeift es anschwellend, ich türme wie ein Hirsch, fege um die Betonwand, Spritzer klatschen gegen die Mauer, ich falle die Kellertreppe hinunter, meine Ellenbogen sind zerschlagen, aber ich habe keinen einzigen Puffer verloren und die Platte nicht umgekippt.

Um zwei Uhr beginnen wir mit dem Essen. Es dauert bis sechs. Bis halb sieben trinken wir Kaffee – Offizierskaffee aus dem Proviantamt – und rauchen Offizierszigarren und Zigaretten – ebenfalls aus dem Proviantamt. Punkt halb sieben fangen wir mit dem Abendessen an. Um zehn Uhr werfen wir die Gerippe der Ferkel vor die Tür. Dann gibt es Kognak und Rum, ebenfalls aus dem gesegneten Proviantamt und wieder lange, dicke Zigarren mit Bauchbinden. Tjaden behauptet, daß nur eines fehle: Mädchen aus einem Offizierspuff.

Spätabends hören wir Miauen. Eine kleine graue Katze sitzt am Eingang. Wir locken sie heran und füttern sie. Darüber kommt auch uns wieder der Appetit. Kauend legen wir uns schlafen.

Doch die Nacht ist böse. Wir haben zu fett gegessen. Frisches Spanferkel wirkt angreifend auf die Därme. Es ist ein ewiges Kommen und Gehen im Unterstand. Zwei, drei Mann sitzen immer mit heruntergezogenen Hosen draußen herum und fluchen. Ich selbst bin neunmal unterwegs. Gegen vier Uhr nachts erreichen wir einen Rekord: alle elf Mann, Wache und Besuch, sitzen draußen.

Brennende Häuser stehen wie Fackeln in der Nacht. Granaten poltern heran und hauen ein. Munitionskolonnen rasen über die Straße. An der einen Seite ist das Proviantamt aufgerissen. Wie ein Schwarm Bienen drängen sich dort trotz aller Splitter die Kolonnenfahrer und klauen Brot. Wir lassen sie ruhig gewähren. Wenn wir was sagen würden, gäbe es höchstens eine Tracht Prügel für uns. Deshalb machen wir es anders. Wir erklären, daß wir die Wache sind, und da wir Bescheid wissen, kommen wir mit den Konserven an, die wir gegen Sachen tauschen, die uns fehlen.

Was macht es schon – in kurzer Zeit ist ohnehin alles zerschossen. Für uns selbst holen wir Schokolade aus dem Depot und essen sie tafelweise. Kat sagt, sie sei gut für einen allzu eiligen Bauch. –

Fast vierzehn Tage vergehen so mit Essen, Trinken und Bummeln. Niemand stört uns. Das Dorf verschwindet langsam unter den Granaten, und wir führen ein glückliches Leben. Solange nur noch ein Teil des Proviantamtes steht, ist uns alles egal, und wir wünschen bloß, hier das Ende des Krieges zu erleben.

Tjaden ist derartig fein geworden, daß er die Zigarren nur halb aufraucht. Er erklärt hochnäsig, er sei es so gewohnt.

Auch Kat ist sehr aufgemuntert. Sein erster Ruf morgens ist: »Emil, bringen Sie Kaviar und Kaffee.« Es ist überhaupt erstaunlich vornehm bei uns, jeder hält den andern für seinen Burschen, siezt ihn und gibt ihm Aufträge. »Kropp, es juckt mich unter dem Fuß, fangen Sie doch mal die Laus weg«, damit streckt ihm Leer sein Bein hin wie eine Schauspielerin, und Albert schleift ihn daran die Treppen hinauf. »Tjaden!« – »Was?« – »Stehen Sie bequem, Tjaden, übrigens heißt es nicht: Was, sondern: Zu Befehl – also: Tjaden!« Tjaden begibt sich wieder auf ein Gastspiel zu Götz von Berlichingen, der ihm nur so im Handgelenk sitzt.

Nach weiteren acht Tagen erhalten wir Befehl, abzurücken. Die Herrlichkeit ist aus. Zwei große Lastautos nehmen uns auf. Sie sind hoch bepackt mit Brettern. Aber noch oben darauf bauen Albert und ich unser Himmelbett mit dem blauseidenen Überwurf auf, mit Matratzen und zwei Spitzenoberbetten. Hinten drin am Kopfende liegt für jeden ein Sack mit besten Lebensmitteln. Wir fühlen manchmal darüber hin, und die harten Mettwürste, die Leberwurstbüchsen, die Konserven, die Zigarrenkisten lassen unsere Herzen jubilieren. Jeder Mann hat so einen Sack voll bei sich.

Kropp und ich haben aber außerdem noch zwei rote Samtfauteuils gerettet. Sie stehen im Bett, und wir räkeln uns darauf wie in einer Theaterloge. Über uns bauscht sich die Seide des Überwurfs als Baldachin. Jeder hat eine lange Zigarre im Mund. So schauen wir hoch von oben in die Gegend.

Zwischen uns steht ein Papageienkäfig, den wir für die

Katze gefunden haben. Sie wird mitgenommen und liegt drinnen vor ihrem Fleischnapf und schnurrt.

Langsam rollen die Wagen über die Straße. Wir singen. Hinter uns spritzen die Granaten Fontänen aus dem nun ganz verlassenen Dorf.

*

Einige Tage später rücken wir aus, um eine Ortschaft aufzuräumen. Unterwegs begegnen uns die fliehenden Bewohner, die ausgewiesen sind. Sie schleppen ihre Habseligkeiten in Karren, in Kinderwagen und auf dem Rücken mit sich. Ihre Gestalten sind gebeugt, ihre Gesichter voll Kummer, Verzweiflung, Hast und Ergebenheit. Die Kinder hängen an den Händen der Mütter, manchmal führt auch ein älteres Mädchen die Kleinen, die vorwärts taumeln und immer wieder zurücksehen. Einige tragen armselige Puppen mit sich. Alle schweigen, als sie an uns vorübergehen.

Noch sind wir in Marschkolonne, die Franzosen werden ja nicht ein Dorf beschießen, in dem Landsleute sind. Aber wenige Minuten später heult die Luft, die Erde bebt, Schreie ertönen – eine Granate hat den hintersten Zug zerschmettert. Wir spritzen auseinander und werfen uns hin, aber im selben Moment fühle ich, wie mir die Spannung entgleitet, die mich sonst immer bei Feuer unbewußt das Richtige tun läßt, der Gedanke »Du bist verloren« zuckt auf mit einer würgenden, schrecklichen Angst – und im nächsten Augenblick fegt ein Schlag wie von einer Peitsche über mein linkes Bein. Ich höre Albert schreien, er ist neben mir.

»Los, auf, Albert!« brülle ich, denn wir liegen ungeschützt auf freiem Felde.

Er taumelt hoch und läuft. Ich bleibe neben ihm. Wir müssen über eine Hecke; sie ist höher als wir. Kropp faßt in die Zweige, ich packe sein Bein, er schreit auf, ich gebe ihm Schwung, er fliegt hinüber. Mit einem Satz bin ich hinter ihm her und falle in einen Teich, der hinter der Hecke liegt.

Wir haben das Gesicht voll Wasserlinsen und Schlamm, aber die Deckung ist gut. Deshalb waten wir hinein bis zum Halse. Wenn es heult, gehen wir mit dem Kopf unter Wasser.

Nachdem wir das ein dutzendmal gemacht haben, wird es mir über. Auch Albert stöhnt: »Laß uns weg, ich falle sonst um und ersaufe.«

»Wo hast du was gekriegt?« frage ich.

»Am Knie, glaube ich.«

»Kannst du laufen?«

»Ich denke –«

»Dann los.«

Wir gewinnen den Chausseegraben und rennen ihn gebückt entlang. Das Feuer folgt uns. Die Straße hat die Richtung auf das Munitionsdepot. Wenn das hochgeht, findet nie jemand von uns einen Knopf wieder. Wir ändern deshalb unsern Plan und laufen im Winkel querfeldein.

Albert wird langsamer. »Lauf zu, ich komme nach«, sagt er und wirft sich hin.

Ich reiße ihn am Arm auf und schüttele ihn. »Hoch, Albert, wenn du dich erst hinlegst, kannst du nie mehr weiter. Los, ich stütze dich.«

Endlich erreichen wir einen kleinen Unterstand. Kropp schmeißt sich hin, und ich verbinde ihn. Der Schuß sitzt kurz über dem Knie. Dann sehe ich mich selbst an. Die Hose ist blutig, ebenso der Arm. Albert bindet mir seine Päckchen um die Löcher. Er kann sein Bein schon nicht mehr bewegen, und wir wundern uns beide, wie wir es überhaupt bis hierher geschafft haben. Das hat nur die Angst gemacht; wir würden fortgelaufen sein, selbst wenn uns die Füße weggeschossen wären – dann eben auf Stümpfen.

Ich kann noch etwas kriechen und rufe einen vorüberfahrenden Leiterwagen an, der uns mitnimmt. Er ist voller Verwundeter. Ein Sanitätsgefreiter ist dabei, der uns eine Tetanusspritze in die Brust jagt.

Im Feldlazarett richten wir es so ein, daß wir nebeneinander zu liegen kommen. Es gibt eine dünne Suppe, die wir gierig und verächtlich auslöffeln, weil wir zwar bessere Zeiten gewöhnt sind, aber doch Hunger haben.

»Nun geht's in die Heimat, Albert«, sage ich.

»Hoffentlich«, antwortet er. »Wenn ich bloß wüßte, was ich habe.«

Die Schmerzen werden stärker. Wie Feuer brennen die Verbände. Wir trinken und trinken, einen Becher Wasser nach dem andern.

»Wieviel über dem Knie ist mein Schuß?« fragt Kropp.

»Mindestens zehn Zentimeter, Albert«, antworte ich. In Wirklichkeit sind es vielleicht drei.

»Das habe ich mir vorgenommen«, sagt er nach einer Weile, »wenn sie mir einen Knochen abnehmen, mache ich

Schluß. Ich will nicht als Krüppel durch die Welt laufen.«

So liegen wir mit unsern Gedanken und warten.

*

Abends werden wir zur Schlachtbank geholt. Ich erschrecke und überlege rasch, was ich tun soll; denn es ist bekannt, daß die Ärzte in den Feldlazaretten leicht amputieren. Bei dem großen Andrang ist das einfacher als komplizierte Flickereien. Kemmerich fällt mir ein. Auf keinen Fall werde ich mich chloroformieren lassen, selbst wenn ich ein paar Leuten den Schädel einschlagen muß.

Es geht gut. Der Arzt stochert in der Wunde herum, daß mir schwarz vor Augen wird. »Stellen Sie sich nicht so an«, schimpft er und säbelt weiter. Die Instrumente blitzen in dem hellen Licht wie bösartige Tiere. Die Schmerzen sind unerträglich. Zwei Krankenwärter halten meine Arme fest, aber ich kriege einen los und will ihn gerade dem Arzt in die Brille knallen, als er es merkt und wegspringt. »Chloroformiert den Kerl!« schreit er wütend.

Da werde ich ruhig. »Entschuldigen Herr Doktor, ich werde stillhalten, aber chloroformieren Sie mich nicht.«

»Na ja«, kakelt er und nimmt seine Instrumente wieder vor. Er ist ein blonder Bursche, höchstens dreißig Jahre alt, mit Schmissen und einer widerlichen goldenen Brille. Ich merke, daß er mich jetzt schikaniert, er wühlt nur so in der Wunde und schielt ab und zu über seine Gläser zu mir hin. Meine Hände quetschen sich um die Griffe, eher verrecke ich, als daß er einen Mucks von mir hört.

Er hat einen Splitter herausgeangelt und wirft ihn mir zu.

Scheinbar ist er befriedigt von meinem Verhalten, denn er schient mich jetzt sorgfältig und sagt: »Morgen geht's ab nach Hause.« Dann werde ich eingegipst. Als ich wieder mit Kropp zusammen bin, erzähle ich ihm, daß also wahrscheinlich morgen schon ein Lazarettzug eintreffen wird.

»Wir müssen mit dem Sanitätsfeldwebel sprechen, damit wir beieinander bleiben, Albert.«

Es gelingt mir, dem Feldwebel mit ein paar passenden Worten zwei meiner Zigarren mit Bauchbinden zu überreichen. Er schnuppert daran und fragt: »Hast du noch mehr davon?«

»Noch eine gute Handvoll«, sage ich, »und mein Kamerad«, ich zeige auf Kropp, »ebenfalls. Die möchten wir Ihnen gern morgen zusammen aus dem Fenster des Lazarettzuges überreichen.«

Er kapiert natürlich, schnuppert noch einmal und sagt: »Gemacht.«

Wir können keine Minute nachts schlafen. In unserm Saal sterben sieben Leute. Einer singt eine Stunde lang in einem hohen Quetschtenor Choräle, ehe er zu röcheln beginnt. Ein anderer ist vorher aus dem Bett ans Fenster gekrochen. Er liegt davor, als hätte er zum letztenmal hinaussehen wollen.

*

Unsere Bahren stehen auf dem Bahnhof. Wir warten auf den Zug. Es regnet, und der Bahnhof hat kein Dach. Die Decken sind dünn. Wir warten schon zwei Stunden.

Der Feldwebel betreut uns wie eine Mutter. Obschon mir sehr schlecht ist, verliere ich unsern Plan nicht aus den Gedanken. So nebenbei lasse ich die Päckchen sehen und gebe

eine Zigarre als Vorschuß ab. Dafür deckt der Feldwebel
uns eine Zeltbahn über.

»Mensch, Albert«, erinnere ich mich, »unser Himmelbett
und die Katze –«

»Und die Klubsessel«, fügt er hinzu.

Ja, die Klubsessel aus rotem Plüsch. Wir hatten wie Fürsten
abends darauf gesessen und uns vorgenommen, sie später
stundenweise abzuvermieten. Pro Stunde eine Zigarette.
Es wäre ein sorgenloses Leben und ein Geschäft geworden.

»Albert«, fällt mir ein, »und unsere Freßsäcke.«

Wir werden schwermütig. Die Sachen hätten wir gebrauchen können. Wenn der Zug einen Tag später führe, hätte
Kat uns sicher gefunden und uns den Kram gebracht.

Ein verfluchtes Schicksal. Wir haben Mehlsuppe im Magen,
dünnes Lazarettfutter, und in unseren Säcken ist Schwei-
nebraten als Konserve. Aber wir sind so schwach, daß wir
uns nicht weiter darüber aufregen können.

Die Bahren sind klatschnaß, als der Zug morgens einläuft.
Der Feldwebel sorgt dafür, daß wir in denselben Wagen
kommen. Eine Menge Rote-Kreuz-Schwestern sind da.
Kropp wird nach unten gepackt. Ich werde angehoben und
soll in das Bett über ihm.

»Um Gottes willen«, entfährt es mir plötzlich.

»Was ist denn?« fragt die Schwester.

Ich werfe noch einen Blick auf das Bett. Es ist mit schnee-
weißem Leinen bezogen, unvorstellbar sauberem Leinen,
das sogar noch die Plättkniffe hat. Mein Hemd dagegen ist
sechs Wochen lang nicht gewaschen worden und sehr drek-
kig.

»Können Sie nicht allein hineinkriechen?« fragt die Schwester besorgt.

»Das schon«, sagte ich schwitzend, »aber tun Sie doch erst das Bettzeug weg.«

»Warum denn?«

Ich komme mir wie ein Schwein vor. Da soll ich mich hineinlegen? – »Es wird ja –« Ich zögere.

»Ein bißchen schmutzig?« fragt sie ermunternd. »Das schadet nichts, dann waschen wir es eben nachher wieder.«

»Nee, das nicht –«, sage ich aufgeregt. Diesem Ansturm der Kultur bin ich nicht gewachsen.

»Dafür, daß Sie draußen im Graben gelegen haben, werden wir wohl noch ein Bettlaken waschen können«, fährt sie fort.

Ich sehe sie an, sie sieht knusprig und jung aus, blank gewaschen und fein, wie alles hier, man begreift nicht, daß es nicht nur für Offiziere ist, und fühlt sich unheimlich und sogar irgendwie bedroht.

Das Weib ist trotzdem ein Folterknecht, es zwingt mich, alles zu sagen. »Es ist nur –«, ich halte ein, sie muß doch verstehen, was ich meine.

»Was denn noch?«

»Wegen der Läuse«, brülle ich schließlich heraus.

Sie lacht. »Die müssen auch mal gute Tage haben.«

Nun kann es mir ja gleich sein. Ich krabbele ins Bett und decke mich zu.

Eine Hand fingert über die Decke. Der Feldwebel. Er zieht mit den Zigarren ab.

Nach einer Stunde merken wir, daß wir fahren.

*

Nachts erwache ich. Auch Kropp rührt sich. Der Zug rollt leise über die Schienen. Es ist alles noch unbegreiflich: ein Bett, ein Zug, nach Hause. Ich flüstere: »Albert!«

»Ja –«

»Weißt du, wo hier die Latrine ist?«

»Ich glaube, drüben rechts die Tür.«

»Ich werde mal sehen.« Es ist dunkel, ich taste nach dem Bettrand und will vorsichtig hinuntergleiten. Aber mein Fuß findet keinen Halt, ich gerate ins Rutschen, das Gipsbein ist keine Hilfe, und mit einem Krach liege ich auf dem Boden.

»Verflucht«, sage ich.

»Hast du dich gestoßen?« fragt Kropp.

»Das könntest du doch wohl gehört haben«, knurre ich, »mein Schädel –«

Hinten im Wagen öffnet sich die Tür. Die Schwester kommt mit Licht und sieht mich.

»Er ist aus dem Bett gefallen –«

Sie fühlt mir den Puls und faßt meine Stirn an. »Sie haben aber kein Fieber.«

»Nein –«, gebe ich zu.

»Haben Sie denn geträumt?« fragt sie.

»So ungefähr«, weiche ich aus. Jetzt geht die Fragerei wieder los. Sie sieht mich mit ihren blanken Augen an, sauber und wunderbar ist sie, um so weniger kann ich ihr sagen, was ich will.

Ich werde wieder nach oben gehoben. Das kann ja gut werden. Wenn sie fort ist, muß ich sofort wieder versuchen, hinunterzusteigen. Wäre sie eine alte Frau, so ginge es eher, ihr Bescheid zu sagen, aber sie ist ja ganz jung, höchstens fünfundzwanzig Jahre, es ist nichts zu machen, ich kann es ihr nicht sagen.

Da kommt Albert mir zu Hilfe, er geniert sich nicht, er ist es ja auch schließlich nicht, den die Sache angeht. Er ruft die Schwester an. Sie dreht sich um. »Schwester, er wollte –«, aber auch Albert weiß nicht mehr, wie er sich tadellos und anständig ausdrücken soll. Unter uns draußen ist das mit einem einzigen Wort gesagt, aber hier, einer solchen Dame gegenüber – – Mit einem Male jedoch fällt ihm die Schulzeit ein, und er vollendet fließend: »Er möchte mal hinaus, Schwester.«

»Ach so«, sagt die Schwester. »Dazu braucht er doch nicht mit seinem Gipsverband aus dem Bett zu klettern. Was wollen Sie denn haben?« wendet sie sich an mich.

Ich bin tödlich erschrocken über diese neue Wendung, denn ich habe keine Ahnung, wie man die Dinge fachmännisch benennt. Die Schwester kommt mir zu Hilfe. »Klein oder groß?« Diese Blamage! Ich schwitze wie ein Affe und sage verlegen: »Na, also nur klein –«

Immerhin, wenigstens noch etwas Glück.

Ich erhalte eine Flasche. Nach einigen Stunden bin ich nicht mehr der einzige, und morgens haben wir uns gewöhnt und verlangen ohne Beschämung, was wir brauchen.

Der Zug fährt langsam. Manchmal hält er, und die Toten werden ausgeladen. Er hält oft.

*

Albert hat Fieber. Mir geht es leidlich, ich habe Schmerzen, aber schlimmer ist es, daß wahrscheinlich unter dem Gipsverband noch Läuse sitzen. Es juckt fürchterlich, und ich kann mich nicht kratzen.

Wir schlummern durch die Tage. Die Landschaft geht still durch die Fenster. In der dritten Nacht sind wir in Herbesthal. Ich höre von der Schwester, daß Albert an der nächsten Station ausgeladen werden soll, wegen seines Fiebers.

»Wie weit fährt der Zug?« frage ich.

»Bis Köln.«

»Albert, wir bleiben zusammen«, sage ich, »paß auf.« Beim nächsten Rundgang der Schwester halte ich die Luft an und presse den Atem in den Kopf. Er schwillt und wird rot. Sie bleibt stehen. »Haben Sie Schmerzen?«

»Ja«, stöhne ich, »mit einem Male.«

Sie gibt mir ein Thermometer und geht weiter. Ich müßte nicht bei Kat in der Lehre gewesen sein, um nicht Bescheid zu wissen. Diese Soldatenthermometer sind nicht für erfahrenes Militär berechnet. Es handelt sich nur darum, das Quecksilber hochzutreiben, dann bleibt es in der dünnen Röhre stehen und sinkt nicht wieder.

Ich stecke das Thermometer unter den Arm, schräg nach unten, und knipse mit dem Zeigefinger ständig dagegen. Darauf schüttele ich es nach oben. Damit erreiche ich 37,9 Grad. Das genügt aber nicht. Ein Streichholz vorsichtig nahe darangehalten ergibt 38,7 Grad.

Als die Schwester zurückkommt, puste ich mich auf, atme leicht stoßweise, glotze sie mit etwas stieren Augen an, bewege mich unruhig und flüstere: »Ich kann es nicht mehr aushalten –«

Sie notiert mich auf einem Zettel. Ich weiß genau, daß ohne Not mein Gipsverband nicht geöffnet wird.

Albert und ich werden zusammen ausgeladen.

*

Wir liegen in einem katholischen Hospital, im gleichen Zimmer. Das ist ein großes Glück, denn die katholischen Krankenhäuser sind bekannt für gute Behandlung und gutes Essen. Das Lazarett ist voll belegt worden aus unserm Zug, es sind viele schwere Fälle dabei. Wir kommen heute noch nicht zur Untersuchung, da zu wenig Ärzte da sind. Auf dem Korridor fahren unablässig die flachen Wagen mit den Gummirädern vorbei, und immer liegt jemand lang darauf. Eine verfluchte Lage – so langgestreckt – nur gut, wenn man schläft.

Die Nacht ist sehr unruhig. Keiner kann schlafen. Gegen Morgen duseln wir etwas ein. Ich erwache, als es hell wird. Die Tür steht offen, und vom Korridor höre ich Stimmen. Auch die andern wachen auf. Einer, der schon ein paar Tage da ist, erklärt uns die Sache: »Hier oben wird jeden Morgen auf dem Korridor gebetet von den Schwestern. Sie nennen das Morgenandacht. Damit ihr euren Teil abkriegt, machen sie die Türen auf.«

Das ist sicher gut gemeint, aber uns tun die Knochen und die Schädel weh.

»So ein Unsinn«, sage ich, »wenn man gerade eingeschlafen ist.«

»Hier oben liegen die leichteren Fälle, da machen sie es so«, antwortet er.

Albert stöhnt. Ich werde wütend und rufe: »Ruhe da draußen.«

Nach einer Minute erscheint eine Schwester. Sie sieht in ihrer weiß und schwarzen Tracht aus wie ein hübscher Kaffeewärmer. »Machen Sie doch die Tür zu, Schwester«, sagt jemand.

»Es wird gebetet, deshalb ist die Tür offen«, erwidert sie.

»Wir möchten aber noch schlafen –«

»Beten ist besser als schlafen.« Sie steht da und lächelt unschuldig. »Es ist auch schon sieben Uhr.«

Albert stöhnt wieder. »Tür zu!« schnauze ich.

Sie ist ganz verdutzt, so etwas kann sie scheinbar nicht begreifen. »Es wird doch auf für Sie mitgebetet.«

»Einerlei! Tür zu!«

Sie verschwindet und läßt die Tür offen. Die Litanei ertönt wieder. Ich bin wild und sage: »Ich zähle jetzt bis drei. Wenn es bis dahin nicht aufhört, fliegt was.«

»Von mir auch«, erklärt ein anderer.

Ich zähle bis fünf. Dann nehme ich eine Flasche, ziele und werfe sie durch die Tür auf den Korridor. Sie zerspringt in tausend Splitter. Das Beten hört auf. Ein Schwarm Schwestern erscheint und schimpft maßvoll.

»Tür zu!« schreien wir.

Sie verziehen sich. Die Kleine von vorhin ist die letzte. »Heiden«, zwitschert sie, macht aber doch die Tür zu. Wir haben gesiegt.

*

Mittags kommt der Lazarettinspektor und ranzt uns an. Er verspricht uns Festung und noch mehr. Nun ist ein Lazarettinspektor, genau wie ein Proviantamtsinspektor, zwar jemand, der einen langen Degen und Achselstücke trägt, aber eigentlich ein Beamter, und er wird darum nicht einmal von einem Rekruten für voll genommen. Wir lassen ihn deshalb reden. Was kann uns schon passieren –

»Wer hat die Flasche geworfen?« fragt er.

Bevor ich überlegen kann, ob ich mich melden soll, sagt jemand: »Ich!«

Ein Mann mit struppigem Bart richtet sich auf. Alles ist gespannt, weshalb er sich meldet.

»Sie?«

»Jawohl. Ich war erregt darüber, daß wir unnötig geweckt wurden, und verlor die Besinnung, so daß ich nicht wußte, was ich tat.« Er redet wie ein Buch.

»Wie heißen Sie?«

»Ersatz-Reservist Josef Hamacher.«

Der Inspektor geht ab. Alle sind neugierig. »Weshalb hast du dich denn bloß gemeldet? Du warst es ja gar nicht!« Er grinst. »Das macht nichts. Ich habe einen Jagdschein.«

Das versteht natürlich jeder. Wer einen Jagdschein hat, kann machen, was er will.

»Ja«, erzählt er, »ich habe einen Kopfschuß gehabt, und darauf ist mir ein Attest ausgestellt worden, daß ich zeitweise unzurechnungsfähig bin. Seitdem bin ich fein heraus. Man darf mich nicht reizen. Mir passiert also nichts. Der unten wird sich schön ärgern. Und gemeldet habe ich mich, weil mir das Werfen Spaß gemacht hat. Wenn sie morgen wieder die Tür aufmachen, schmeißen wir wieder.«

Wir sind heilfroh. Mit Josef Hamacher in der Mitte können wir jetzt alles riskieren.

Dann kommen die lautlosen, flachen Wagen, um uns zu holen.

Die Verbände sind verklebt. Wir brüllen wie Stiere.

*

Es liegen acht Mann auf unserer Stube. Die schwerste Verletzung hat Peter, ein schwarzer Krauskopf – einen komplizierten Lungenschuß. Franz Wächter neben ihm hat einen zerschossenen Arm, der anfangs nicht schlimm aussieht. Aber in der dritten Nacht ruft er uns an, wir sollten klingeln, er glaube, er blute durch.

Ich klingele kräftig. Die Nachtschwester kommt nicht. Wir haben sie abends ziemlich stark in Anspruch genommen, weil wir alle neue Verbände und deshalb Schmerzen hatten. Der eine wollte das Bein so gelegt haben, der andere so, der dritte verlangte Wasser, dem vierten sollte sie das Kopfkissen aufschütteln; – die dicke Alte hatte böse gebrummt zuletzt und die Türen geschlagen. Jetzt vermutet sie wohl wieder so etwas, denn sie kommt nicht.

Wir warten. Dann sagt Franz: »Klingle noch mal.«

Ich tue es. Sie läßt sich immer noch nicht sehen. Auf unserem Flügel ist nachts nur eine einzige Stationsschwester, vielleicht hat sie gerade in andern Zimmern zu tun. »Bist du sicher, Franz, daß du blutest?« frage ich. »Sonst kriegen wir wieder was auf den Kopf.«

»Es ist naß. Kann keiner Licht machen?«

Auch das geht nicht. Der Schalter ist an der Tür, und niemand kann aufstehen. Ich halte den Daumen auf der Klingel, bis er gefühllos wird. Vielleicht ist die Schwester eingenickt. Sie haben ja sehr viel Arbeit und sind alle überanstrengt, schon tagsüber. Dazu das ständige Beten.

»Sollen wir Flaschen schmeißen?« fragt Josef Hamacher mit dem Jagdschein.

»Das hört sie noch weniger als das Klingeln.«

Endlich geht die Tür auf. Muffelig erscheint die Alte. Als

sie die Geschichte bei Franz bemerkt, wird sie eilig und ruft: »Weshalb hat denn keiner Bescheid gesagt?«

»Wir haben ja geklingelt. Laufen kann hier keiner.«

Er hat stark geblutet und wird verbunden. Morgens sehen wir sein Gesicht, es ist spitzer und gelber geworden, dabei war es am Abend noch fast gesund im Aussehen. Jetzt kommt öfter eine Schwester.

*

Manchmal sind es auch Hilfsschwestern vom Roten Kreuz. Sie sind gutmütig, aber mitunter etwas ungeschickt. Beim Umbetten tun sie einem oft weh und sind dann so erschrocken, daß sie einem noch mehr weh tun.

Die Nonnen sind zuverlässiger. Sie wissen, wie sie anfassen müssen, aber wir möchten gern, daß sie etwas lustiger wären. Einige allerdings haben Humor, sie sind großartig. Wer würde Schwester Libertine nicht jeden Gefallen tun, dieser wunderbaren Schwester, die im ganzen Flügel Stimmung verbreitet, wenn sie nur von weitem zu sehen ist? Und solcher sind noch mehrere da. Wir würden für sie durchs Feuer gehen. Man kann sich wirklich nicht beklagen, man wird direkt wie ein Zivilist hier behandelt von den Nonnen. Wenn man dagegen an die Garnisonlazarette denkt, in denen man mit angelegter Hand im Bett liegen muß, kann einem die Angst kommen.

Franz Wächter kommt nicht wieder zu Kräften. Eines Tages wird er abgeholt und bleibt fort. Josef Hamacher weiß Bescheid: »Den sehen wir nicht wieder. Sie haben ihn ins Totenzimmer gebracht.«

»Was für ein Totenzimmer?« fragt Kropp.

»Na, ins Sterbezimmer –«

»Was ist denn das?«

»Das kleine Zimmer an der Ecke des Flügels. Wer kurz vor dem Abkratzen ist, wird dahin gebracht. Es sind zwei Betten darin. Überall heißt es nur das Sterbezimmer.«

»Aber warum machen sie das?«

»Sie haben dann nicht so viel Arbeit nachher. Es ist auch bequemer, weil es gleich am Aufzug zur Totenhalle liegt. Vielleicht tun sie es auch, damit keiner in den Sälen stirbt, wegen der andern. Sie können ja auch besser bei ihm wachen, wenn er allein liegt.«

»Aber er selber?«

Josef zuckt die Achseln. »Gewöhnlich merkt er ja nicht mehr viel davon.«

»Weiß es denn jeder?«

»Wer länger hier ist, weiß es natürlich.«

*

Nachmittags wird das Bett von Franz Wächter neu belegt. Nach ein paar Tagen holen sie auch den neuen wieder ab. Josef macht eine bezeichnende Handbewegung. Wir sehen noch manchen kommen und gehen.

Manchmal sitzen Angehörige an den Betten und weinen oder sprechen leise und verlegen. Eine alte Frau will gar nicht fort, aber sie kann die Nacht über ja nicht dableiben. Am andern Morgen kommt sie schon ganz früh, aber doch nicht früh genug; denn als sie an das Bett geht, liegt schon jemand anders drin. Sie muß zur Totenhalle. Die Äpfel, die sie noch bei sich hat, gibt sie uns.

Auch dem kleinen Peter geht es schlechter. Seine Fiebertafel sieht böse aus, und eines Tages steht neben seinem Bett der flache Wagen. »Wohin?« fragt er.

»Zum Verbandssaal.«

Er wird hinaufgehoben. Aber die Schwester macht den Fehler, seinen Waffenrock vom Haken zu nehmen und ihn ebenfalls auf den Wagen zu legen, damit sie nicht zweimal zu gehen braucht. Peter weiß sofort Bescheid und will sich vom Wagen rollen. »Ich bleibe hier!«

Sie drücken ihn nieder. Er schreit leise mit seiner zerschossenen Lunge: »Ich will nicht ins Sterbezimmer.«

»Wir gehen ja zum Verbandssaal.«

»Wozu braucht ihr dann meinen Waffenrock?« Er kann nicht mehr sprechen. Heiser, aufgeregt, flüstert er: »Hierbleiben!«

Sie antworten nicht und fahren ihn hinaus. Vor der Tür versucht er sich aufzurichten. Sein schwarzer Krauskopf bebt, die Augen sind voll Tränen. »Ich komme wieder! Ich komme wieder!« ruft er.

Die Tür schließt sich. Wir sind alle erregt; aber wir schweigen. Endlich sagt Josef: »Hat schon mancher gesagt. Wenn man erst drin ist, hält man doch nicht durch.«

*

Ich werde operiert und kotze zwei Tage lang. Meine Knochen wollen nicht zusammenwachsen, sagt der Schreiber des Arztes. Bei einem andern sind sie falsch angewachsen; dem werden sie wieder gebrochen. Es ist schon ein Elend. Unter unserm Zuwachs sind zwei junge Soldaten mit Plattfüßen. Bei der Visite entdeckt der Chefarzt sie und bleibt freudig stehen. »Das werden wir wegkriegen«, erzählt er, »da machen wir eine kleine Operation, und schon haben Sie gesunde Füße. Schreiben Sie auf, Schwester.«

Als er fort ist, warnt Josef, der alles weiß: »Laßt euch ja nicht operieren! Das ist nämlich ein wissenschaftlicher Fimmel vom Alten. Er ist ganz wild auf jeden, den er dafür zu fassen bekommt. Er operiert euch die Plattfüße, und ihr habt nachher tatsächlich auch keine mehr; dafür habt ihr Klumpfüße und müßt euer Leben lang an Stöcken laufen.«

»Was soll man denn da machen?« fragt der eine.

»Nein sagen! Ihr seid hier, um eure Schüsse zu kurieren, nicht eure Plattfüße! Habt ihr im Felde keine gehabt? Na, da seht ihr! Jetzt könnt ihr noch laufen, aber wenn der Alte euch erst unter dem Messer gehabt hat, seid ihr Krüppel. Er braucht Versuchskarnickel, für ihn ist der Krieg eine großartige Zeit deshalb, wie für alle Ärzte. Seht euch unten mal die Station an; da kriechen ein Dutzend Leute herum, die er operiert hat. Manche sind seit vierzehn und fünfzehn hier, jahrelang. Kein einziger kann besser laufen als vorher; fast alle aber schlechter, die meisten nur mit Gipsbeinen. Alle halbe Jahre erwischt er sie wieder und bricht ihnen die Knochen aufs neue, und jedesmal soll dann der Erfolg kommen. Nehmt euch in acht, er darf es nicht, wenn ihr nein sagt.«

»Ach, Mensch!« sagt der eine von den beiden müde. »Besser die Füße als der Schädel. Weißt du, was du kriegst, wenn du wieder draußen bist? Sollen sie mit mir machen, was sie wollen, wenn ich bloß wieder nach Hause komme. Besser ein Klumpfuß als tot.«

Der andere, ein junger Mensch wie wir, will nicht. Am andern Morgen läßt der Alte beide herunterholen und redet und schnauzt so lange auf sie ein, bis sie doch einwilligen. Was sollen sie anders tun. – Sie sind ja nur Muskoten, und er ist ein hohes Tier. Vergipst und chloroformiert werden sie wiedergebracht.

*

Albert geht es schlecht. Er wird geholt und amputiert. Das ganze Bein bis obenhin wird abgenommen. Nun spricht er fast gar nicht mehr. Einmal sagt er, er wolle sich erschießen, wenn er erst wieder an seinen Revolver herankäme.

Ein neuer Transport trifft ein. Unsere Stube erhält zwei Blinde. Einer davon ist ein ganz junger Musiker. Die Schwestern haben nie ein Messer bei sich, wenn sie ihm Essen geben; er hat einer schon einmal eins entrissen. Trotz dieser Vorsicht passiert etwas. Abends beim Füttern wird die Schwester von seinem Bett abgerufen und stellt den Teller mit der Gabel so lange auf seinen Tisch. Er tastet nach der Gabel, faßt sie und stößt sie mit aller Kraft gegen sein Herz, dann ergreift er einen Schuh und schlägt auf den Stiel, so fest er kann. Wir rufen um Hilfe, und drei Mann sind nötig, ihm die Gabel wegzunehmen. Die stumpfen Zinken waren schon tief eingedrungen. Er schimpft die ganze Nacht auf uns, so daß niemand Schlaf findet. Morgens hat er einen Schreikrampf.

Wieder werden Betten frei. Tage um Tage gehen hin in Schmerzen und Angst, Stöhnen und Röcheln. Auch das Vorhandensein der Totenzimmer nutzt nichts mehr, es sind zu wenig, die Leute sterben nachts auch auf unserer Stube. Es geht eben schneller als die Überlegung der Schwestern.

Aber eines Tages fliegt die Tür auf, der flache Wagen rollt herein, und blaß, schmal, aufrecht, triumphierend, mit gesträubtem, schwarzem Krauskopf sitzt Peter auf der Bahre. Schwester Libertine schiebt ihn mit strahlender Miene an sein altes Bett. Er ist zurück aus dem Sterbezimmer. Wir haben ihn längst für tot gehalten.

Er sieht sich um: »Was sagt ihr nun?«

Und selbst Josef muß zugeben, daß er so was zum ersten Male erlebt.

*

Allmählich dürfen einige von uns aufstehen. Auch ich bekomme Krücken zum Herumhumpeln. Doch ich mache wenig Gebrauch davon; ich kann Alberts Blick nicht ertragen, wenn ich durchs Zimmer gehe. Er sieht mir immer mit so sonderbaren Augen nach. Deshalb entschlüpfe ich manchmal auf den Korridor – dort kann ich mich freier bewegen.

Im Stockwerk tiefer liegen Bauch- und Rückenmarkschüsse, Kopfschüsse und beiderseitig Amputierte. Rechts im Flügel Kieferschüsse, Gaskranke, Nasen-, Ohren- und Halsschüsse. Links im Flügel Blinde und Lungenschüsse, Beckenschüsse, Gelenkschüsse, Nierenschüsse, Hodenschüsse, Magenschüsse. Man sieht hier erst, wo ein Mensch überall getroffen werden kann.

Zwei Leute sterben an Wundstarrkrampf. Die Haut wird fahl, die Glieder erstarren, zuletzt leben – lange – nur noch die Augen. – Bei manchen Verletzten hängt das zerschossene Glied an einem Galgen frei in der Luft; unter die Wunde wird ein Becken gestellt, in das der Eiter tropft. Alle zwei oder drei Stunden wird das Gefäß geleert. Andere Leute liegen im Streckverband, mit schweren, herabziehenden Gewichten am Bett. Ich sehe Darmwunden, die ständig voll Kot sind. Der Schreiber des Arztes zeigt mir Röntgenaufnahmen von völlig zerschmetterten Hüftknochen, Knien und Schultern.

Man kann nicht begreifen, daß über so zerrissenen Leibern noch Menschengesichter sind, in denen das Leben seinen alltäglichen Fortgang nimmt. Und dabei ist dies nur ein einziges Lazarett, nur eine einzige Station – es gibt Hunderttausende in Deutschland, Hunderttausende in Frankreich, Hunderttausende in Rußland. Wie sinnlos ist alles, was je geschrieben, getan, gedacht wurde, wenn so etwas möglich ist! Es muß alles gelogen und belanglos sein, wenn die Kultur von Jahrtausenden nicht einmal verhindern konnte, daß diese Ströme von Blut vergossen wurden, daß diese Kerker der Qualen zu Hunderttausenden existieren. Erst das Lazarett zeigt, was der Krieg ist.

Ich bin jung, ich bin zwanzig Jahre alt; aber ich kenne vom Leben nichts anderes als die Verzweiflung, den Tod, die Angst und die Verkettung sinnlosester Oberflächlichkeit mit einem Abgrund des Leidens. Ich sehe, daß Völker gegeneinandergetrieben werden und sich schweigend, unwissend, töricht, gehorsam, unschuldig töten. Ich sehe, daß die klügsten Gehirne der Welt Waffen und Worte erfinden, um das alles noch raffinierter und länger dauernd zu machen. Und mit mir sehen das alle Menschen meines Alters hier und drüben, in der ganzen Welt, mit mir erlebt das meine

Generation. Was werden unsere Väter tun, wenn wir einmal aufstehen und vor sie hintreten und Rechenschaft fordern? Was erwarten sie von uns, wenn eine Zeit kommt, wo kein Krieg ist? Jahre hindurch war unsere Beschäftigung Töten – es war unser erster Beruf im Dasein. Unser Wissen vom Leben beschränkt sich auf den Tod. Was soll danach noch geschehen? Und was soll aus uns werden?

*

Der älteste auf unserer Stube ist Lewandowski. Er ist vierzig Jahre alt und liegt bereits zehn Monate im Hospital an einem schweren Bauchschuß. Erst in den letzten Wochen ist er so weit gekommen, daß er gekrümmt etwas hinken kann.

Seit einigen Tagen ist er in großer Aufregung. Seine Frau hat ihm aus dem kleinen Nest in Polen, wo sie wohnt, geschrieben, daß sie so viel Geld zusammen hat, um die Fahrt zu bezahlen und ihn besuchen zu können.

Sie ist unterwegs und kann jeden Tag eintreffen. Lewandowski schmeckt das Essen nicht mehr, sogar Rotkohl mit Bratwurst verschenkt er, nachdem er ein paar Happen genommen hat. Ständig läuft er mit dem Brief durchs Zimmer, jeder hat ihn schon ein dutzendmal gelesen, die Poststempel sind wer weiß wie oft schon geprüft, die Schrift ist vor Fettflecken und Fingerspuren kaum noch zu erkennen, und was kommen muß, kommt: Lewandowski kriegt Fieber und muß wieder ins Bett.

Er hat seine Frau seit zwei Jahren nicht gesehen. Sie hat inzwischen ein Kind geboren, das bringt sie mit. Aber etwas ganz anderes beschäftigt Lewandowski. Er hatte gehofft, die Erlaubnis zum Ausgehen zu erhalten, wenn seine Alte kommt, denn es ist doch klar: Sehen ist ganz schön, aber wenn man seine Frau nach so langer Zeit wiederhat, will man, wenn es eben geht, doch noch was anderes.

Lewandowski hat das alles stundenlang mit uns besprochen, denn beim Kommiß gibt es darin keine Geheimnisse. Es findet auch keiner etwas dabei. Diejenigen von uns, die schon ausgehen können, haben ihm ein paar tadellose Ekken in der Stadt gesagt, Anlagen und Parks, wo er ungestört gewesen wäre, einer wußte sogar ein kleines Zimmer.

Doch was nützt das alles. Lewandowski liegt im Bett und hat seine Sorgen. Das ganze Leben macht ihm keinen Spaß mehr, wenn er diese Sache verpassen muß. Wir trösten ihn und versprechen ihm, daß wir den Kram schon irgendwie schmeißen werden.

Am andern Nachmittag erscheint seine Frau, ein kleines, verhutzeltes Ding mit ängstlichen und eiligen Vogelaugen, in einer Art von schwarzer Mantille mit Krausen und Bändern, weiß der Himmel, wo sie das Stück mal geerbt hat.

Sie murmelt leise etwas und bleibt scheu an der Tür stehen. Es erschreckt sie, daß wir sechs Mann hoch sind.

»Na, Marja«, sagt Lewandowski und schluckt gefährlich mit seinem Adamsapfel, »kannst ruhig 'reinkommen, die tun dir hier nichts.«

Sie geht herum und gibt jedem von uns die Hand. Dann zeigt sie das Kind vor, das inzwischen in die Windeln gemacht hat. Sie hat eine große, mit Perlen bestickte Tasche bei sich, aus der sie ein reines Tuch nimmt, um das Kind flink neu zu wickeln. Damit ist sie über die erste Verlegenheit hinweg, und die beiden fangen an zu reden.

Lewandowski ist sehr kribblig, er schielt immer wieder äußerst unglücklich mit seinen runden Glotzaugen zu uns herüber.

Die Zeit ist günstig, die Arztvisite ist vorbei, es könnte höchstens noch eine Schwester ins Zimmer schauen. Einer geht deshalb noch einmal hinaus – spekulieren. Er kommt zurück und nickt. »Kein Aas zu sehen. Nun sag's ihr schon, Johann, und mach zu.«

Die beiden unterhalten sich in ihrer Sprache. Die Frau guckt etwas rot und verlegen auf. Wir grinsen gutmütig und machen wegwerfende Handbewegungen, was schon dabei sei! Der Teufel soll alle Vorurteile holen, die sind für andere Zeiten gemacht, hier liegt der Tischler Johann Lewandowski, ein zum Krüppel geschossener Soldat, und da ist seine Frau, wer weiß, wann er sie wiedersieht, er will sie haben, und er soll sie haben, fertig.

Zwei Mann stellen sich vor die Tür, um die Schwestern abzufangen und zu beschäftigen, wenn sie zufällig vorbeikommen sollten. Sie wollen ungefähr eine Viertelstunde aufpassen.

Lewandowski kann nur auf der Seite liegen, einer packt ihm deshalb noch ein paar Kissen in den Rücken, Albert kriegt das Kind zu halten, dann drehen wir uns ein bißchen um, die schwarze Mantille verschwindet unter der Bettdecke, und wir kloppen laut und mit allerhand Redensarten Skat.

Es geht alles gut. Ich habe einen wüsten Kreuz-Solo mit vieren in den Fingern, der ungefähr noch rumgeht. Darüber vergessen wir beinahe Lewandowski. Nach einiger Zeit beginnt das Kind zu plärren, obschon Albert es verzweifelt hin und her schwenkt. Es knistert und rauscht dann ein bißchen, und als wir so beiläufig aufblicken, sehen wir, daß das Kind schon die Flasche im Mund hat und wieder bei der Mutter ist. Die Sache hat geklappt.

Wir fühlen uns jetzt als eine große Familie, die Frau ist ordentlich munter geworden, und Lewandowski liegt schwitzend und strahlend da.

Er packt die gestickte Tasche aus, es kommen da ein paar gute Würste zum Vorschein, Lewandowski nimmt das Messer wie einen Blumenstrauß und säbelt das Fleisch in Stücke. Mit großer Handbewegung weist er auf uns – und die kleine, verhutzelte Frau geht von einem zum andern und lacht uns an und verteilt die Wurst, sie sieht jetzt direkt hübsch aus dabei. Wir sagen Mutter zu ihr, und sie freut sich und klopft uns die Kopfkissen auf.

*

Nach einigen Wochen muß ich jeden Morgen ins Zanderinstitut. Dort wird mein Bein festgeschnallt und bewegt. Der Arm ist längst geheilt.

Es laufen neue Transporte aus dem Felde ein. Die Verbände sind nicht mehr aus Stoff, sie bestehen nur noch aus weißem Krepp-Papier. Verbandstoff ist zu knapp geworden draußen.

Alberts Stumpf heilt gut. Die Wunde ist fast geschlossen. In einigen Wochen soll er fort in eine Prothesenstation. Er spricht noch immer wenig und ist viel ernster als früher. Oft bricht er mitten im Gespräch ab und starrt vor sich hin. Wenn er nicht mit uns andern zusammen wäre, hätte er längst Schluß gemacht. Jetzt aber ist er über das Schlimmste hinausgelangt. Er sieht schon manchmal beim Skat zu.

Ich bekomme Erholungsurlaub.

Meine Mutter will mich nicht mehr fortlassen. Sie ist so schwach. Es ist alles noch schlimmer als das letztemal.

Danach werde ich vom Regiment angefordert und fahre wieder ins Feld.

Der Abschied von meinem Freunde Albert Kropp ist schwer. Aber man lernt das beim Kommiß mit der Zeit.

II

Wir zählen die Wochen nicht mehr. Es war Winter, als ich ankam, und bei den Einschlägen der Granaten wurden die gefrorenen Erdklumpen fast ebenso gefährlich wie die Splitter. Jetzt sind die Bäume wieder grün. Unser Leben wechselt zwischen Front und Baracken. Wir sind es teilweise schon gewohnt, der Krieg ist eine Todesursache wie Krebs und Tuberkulose, wie Grippe und Ruhr. Die Todesfälle sind nur viel häufiger, verschiedenartiger und grausamer.

Unsere Gedanken sind Lehm, sie werden geknetet vom Wechsel der Tage – sie sind gut, wenn wir Ruhe haben, und tot, wenn wir im Feuer liegen. Trichterfelder draußen und drinnen.

Alle sind so, nicht wir hier allein – was früher war, gilt nicht, und man weiß es auch wirklich nicht mehr. Die Unterschiede, die Bildung und Erziehung schufen, sind fast verwischt und kaum noch zu erkennen. Sie geben manchmal Vorteile im Ausnutzen einer Situation; aber sie bringen auch Nachteile mit sich, indem sie Hemmungen wachrufen, die erst überwunden werden müssen. Es ist, als ob wir früher einmal Geldstücke verschiedener Länder gewesen wären; man hat sie eingeschmolzen, und alle haben jetzt denselben Prägestempel. Will man Unterschiede erkennen, dann muß man schon genau das Material prüfen. Wir sind Soldaten und erst später auf eine sonderbare und verschämte Weise noch Einzelmenschen.

Es ist eine große Brüderschaft, die ein Schimmer von dem Kameradentum der Volkslieder, dem Solidaritätsgefühl von Sträflingen und dem verzweifelten Einanderbeistehen von zum Tode Verurteilten seltsam vereinigt zu einer Stufe von Leben, das mitten in der Gefahr, aus der Anspannung und Verlassenheit des Todes sich abhebt und zu einem flüchtigen Mitnehmen der gewonnenen Stunden wird, auf gänzlich unpathetische Weise. Es ist heroisch und banal, wenn man es werten wollte – doch wer will das?

Es ist darin enthalten, wenn Tjaden bei einem gemeldeten feindlichen Angriff in rasender Hast seine Erbsensuppe mit Speck auslöffelt, weil er ja nicht weiß, ob er in einer Stunde noch lebt. Wir haben lange darüber diskutiert, ob es richtig sei oder nicht. Kat verwirft es, weil er sagt, man müsse mit einem Bauchschuß rechnen, der bei vollem Magen gefährlicher sei als bei leerem.

Solche Dinge sind Probleme für uns, sie sind uns ernst, und es kann auch nicht anders sein. Das Leben hier an der Grenze des Todes hat eine ungeheuer einfache Linie, es beschränkt sich auf das Notwendigste, alles andere liegt in dumpfem Schlaf; – das ist unsere Primitivität und unsere Rettung. Wären wir differenzierter, wir wären längst irrsinnig, desertiert oder gefallen. Es ist wie eine Expedition im hohen Eise; – jede Lebensäußerung darf nur der Daseinserhaltung dienen und ist zwangsläufig darauf eingestellt. Alles andere ist verbannt, weil es unnötig Kraft verzehren würde. Das ist die einzige Art, uns zu retten, und oft sitze ich vor mir selber wie vor einem Fremden, wenn der rätselhafte Widerschein des Früher in stillen Stunden wie ein matter Spiegel die Umrisse meines jetzigen Daseins außer mich stellt, und ich wundere mich dann darüber, wie das unnennbare Aktive, das sich Leben nennt, sich angepaßt hat selbst an diese Form. Alle anderen Äußerungen liegen im Winterschlaf, das Leben ist nur auf einer ständigen Lauer gegen die Bedrohung des Todes, – es hat uns zu denkenden Tieren gemacht, um uns die Waffe des Instinktes zu geben, – es hat uns mit Stumpfheit durchsetzt, damit wir nicht zerbrechen vor dem Grauen, das uns bei klarem, bewußtem Denken überfallen würde, – es hat in uns den Kameradschaftssinn geweckt, damit wir dem Abgrund der Verlassenheit entgehen, – es hat uns die Gleichgültigkeit von Wilden verliehen, damit wir trotz allem jeden Moment des Positiven empfinden und als Reserve aufspeichern gegen den Ansturm des Nichts. So leben wir ein geschlossenes, hartes Dasein äußerster Oberfläche, und nur manchmal wirft ein Ereignis Funken. Dann aber schlägt überraschend eine Flamme schwerer und furchtbarer Sehnsucht durch.

Das sind die gefährlichen Augenblicke, die uns zeigen, daß die Anpassung doch nur künstlich ist, daß sie nicht einfach Ruhe ist, sondern schärfste Anspannung zur Ruhe. Wir unterscheiden uns äußerlich in der Lebensform kaum von Buschnegern; aber während diese stets so sein können, weil sie eben so sind und sich durch Anspannung ihrer Geisteskräfte höchstens fortentwickeln, ist es bei uns umgekehrt:

unsere inneren Kräfte sind nicht auf Weiter-, sondern auf Zurückentwicklung angespannt. Jene sind entspannt und selbstverständlich so, wir sind es äußerst angespannt und künstlich.

Und mit Schrecken empfindet man nachts, aus einem Traum aufwachend, überwältigt und preisgegeben der Bezauberung heranflutender Gesichte, wie dünn der Halt und die Grenze ist, die uns von der Dunkelheit trennt – wir sind kleine Flammen, notdürftig geschützt durch schwache Wände vor dem Sturm der Auflösung und der Sinnlosigkeit, in dem wir flackern und manchmal fast ertrinken. Dann wird das gedämpfte Brausen der Schlacht zu einem Ring, der uns einschließt, wir kriechen in uns zusammen und starren mit großen Augen in die Nacht. Tröstlich fühlen wir nun den Schlafatem der Kameraden, und so warten wir auf den Morgen.

*

Jeder Tag und jede Stunde, jede Granate und jeder Tote wetzen an diesem dünnen Halt, und die Jahre verschleißen ihn rasch. Ich sehe, wie er allmählich schon um mich herum niederbricht. Da ist die dumme Geschichte mit Detering.

Er war einer von denen, die sich sehr für sich hielten. Sein Unglück war, daß er in einem Garten einen Kirschbaum sah. Wir kamen gerade von der Front, und dieser Kirschbaum stand in der Nähe des neuen Quartiers an einer Wegbiegung überraschend in der Morgendämmerung vor uns. Er hatte keine Blätter, aber er war ein einziger weißer Blütenbusch.

Abends war Detering nicht zu sehen. Er kam schließlich

an und hatte ein paar Zweige mit Kirschblüten in der Hand. Wir machten uns lustig und fragten, ob er auf Brautschau wolle. Er gab keine Antwort, sondern legte sich auf sein Bett. Nachts hörte ich ihn rumoren, er schien zu packen. Ich witterte Unheil und ging zu ihm. Er tat, als wäre nichts, und ich sagte ihm: »Mach keinen Unsinn, Detering.«

»Ach wo – ich kann nur nicht schlafen.«

»Weshalb hast du denn die Kirschzweige geholt?«

»Ich werde doch wohl noch Kirschzweige holen dürfen«, antwortet er verstockt – und nach einer Weile: »Zu Hause habe ich einen großen Obstgarten mit Kirschen. Wenn die blühen, sieht das vom Heuboden aus wie ein einziges Bettlaken, so weiß. Es ist jetzt die Zeit.«

»Vielleicht gibt's bald Urlaub. Es kann auch sein, daß du, als Landwirt, abkommandiert wirst.«

Er nickt, aber er ist abwesend. Wenn diese Bauern aufgerührt sind, haben sie einen sonderbaren Ausdruck, eine Mischung von Kuh und sehnsüchtigem Gott, halb blöde und halb hinreißend. Um ihn von seinen Gedanken abzubringen, verlange ich ein Stück Brot von ihm. Er gibt es mir ohne Einschränkung. Das ist verdächtig, denn er ist sonst knauserig. Deshalb bleibe ich wach. Es passiert nichts, er ist morgens wie sonst.

Wahrscheinlich hat er gemerkt, daß ich ihn beobachtet habe. – Am übernächsten Morgen ist er trotzdem fort. Ich sehe es, sage jedoch nichts, um ihm Zeit zu lassen, vielleicht kommt er durch. Nach Holland haben es schon verschiedene Leute geschafft.

Beim Appell aber fällt sein Fehlen auf. Nach einer Woche hören wir, daß er gefaßt ist von den Feldgendarmen, diesen verachteten Kommißpolizisten. Er hatte die Richtung nach Deutschland genommen – das war natürlich aussichtslos –, und ebenso natürlich hatte er alles sehr dumm angefangen. Jeder hätte daraus wissen können, daß die Flucht nur Heimweh und momentane Verwirrung war. Doch was begreifen Kriegsgerichtsräte hundert Kilometer hinter der Linie davon? – Wir haben nichts mehr von Detering vernommen.

*

Aber auch auf andere Weise bricht es manchmal heraus, dieses Gefährliche, Gestaute – wie aus überhitzten Dampfkesseln. Da ist auch noch das Ende zu berichten, das Berger fand.

Schon lange sind unsere Gräben zerschossen, und wir haben die elastische Front, so daß wir eigentlich keinen richtigen Stellungskrieg mehr führen. Wenn Angriff und Gegenangriff hin und her gegangen sind, bleibt eine zerrissene Linie und ein erbitterter Kampf von Trichter zu Trichter. Die vordere Linie ist durchbrochen, und überall haben sich Gruppen festgesetzt, Trichternester, von denen aus gekämpft wird.

Wir sind in einem Trichter, seitlich sitzen Engländer, sie rollen die Flanke auf und gelangen hinter uns. Wir sind umzingelt. Es ist schwierig, sich zu ergeben, Nebel und Rauch schwanken über uns hin, niemand würde erkennen, daß wir kapitulieren wollen, vielleicht wollen wir es auch gar nicht, das weiß man selbst nicht in solchen Momenten. Wir hören die Explosionen der Handgranaten herankommen. Unser Maschinengewehr bestreicht den vorderen Halbkreis. Das Kühlwasser verdampft, wir reichen die Kästen eilig herum, jeder pißt hinein, so haben wir wieder Wasser und können weiterfeuern. Aber hinter uns kracht es immer näher. In einigen Minuten sind wir verloren.

Da rast ein zweites Maschinengewehr auf kürzeste Entfernung los. Es steckt im Trichter neben uns, Berger hat es geholt, und nun setzt ein Gegenangriff von hinten ein, wir kommen frei und finden Verbindung nach rückwärts.

Als wir nachher in einigermaßen guter Deckung sind, erzählt einer von den Essenholern, daß ein paar hundert Schritte entfernt ein verwundeter Meldehund liege.

»Wo?« fragt Berger.

Der andere beschreibt es ihm. Berger geht los, um das Tier zu holen oder es zu erschießen. Noch vor einem halben Jahr hätte er sich nicht darum gekümmert, sondern wäre vernünftig gewesen. Wir versuchen, ihn zurückzuhalten. Doch als er ernsthaft geht, können wir nur sagen: »Verrückt!« und ihn laufenlassen. Denn diese Anfälle von Frontkoller werden gefährlich, wenn man den Mann nicht gleich zu Boden werfen und festhalten kann. Und Berger ist ein Meter achtzig groß, der kräftigste Mann der Kompanie.

Er ist tatsächlich verrückt, denn er muß durch die Feuerwand; – aber es ist dieser Blitz, der irgendwo über uns allen lauert, der in ihn eingeschlagen ist und ihn besessen macht. Bei andern ist es so, daß sie zu toben anfangen, daß sie wegrennen, ja einer war da, der sich mit Händen und Füßen und Mund immerfort in die Erde einzugraben versuchte. Es wird natürlich auch viel simuliert mit solchen Sachen, aber das Simulieren ist ja eigentlich auch schon ein Zeichen. Berger, der den Hund erledigen will, wird mit einem Bekkenschuß weggeholt, und einer der Leute, die es tun, kriegt sogar dabei noch eine Gewehrkugel in die Wade.

*

Müller ist tot. Man hat ihm aus nächster Nähe eine Leuchtkugel in den Magen geschossen. Er lebte noch eine halbe Stunde bei vollem Verstande und furchtbaren Schmerzen. Bevor er starb, übergab er mir seine Brieftasche und vermachte mir seine Stiefel – dieselben, die er damals von Kemmerich geerbt hat. Ich trage sie, denn sie passen mir gut. Nach mir wird Tjaden sie bekommen, ich habe sie ihm versprochen.

Wir haben Müller zwar begraben können, aber lange wird er wohl nicht ungestört bleiben. Unsere Linien werden zurückgenommen. Es gibt drüben zu viele frische englische und amerikanische Regimenter. Es gibt zuviel Corned beef und weißes Weizenmehl. Und zuviel neue Geschütze. Zuviel Flugzeuge.

Wir aber sind mager und ausgehungert. Unser Essen ist so schlecht und mit so viel Ersatzmitteln gestreckt, daß wir krank davon werden. Die Fabrikbesitzer in Deutschland sind reiche Leute geworden – uns zerschrinnt die Ruhr die Därme. Die Latrinenstangen sind stets dicht gehockt voll; – man sollte den Leuten zu Hause diese grauen, gelben, elenden, ergebenen Gesichter hier zeigen, diese verkrümmten Gestalten, denen die Kolik das Blut aus dem Leibe quetscht und die höchstens mit verzerrten, noch schmerzbebenden Lippen sich angrinsen: »Es hat gar keinen Zweck, die Hose wieder hochzuziehen –«

Unsere Artillerie ist ausgeschossen – sie hat zuwenig Munition –, und die Rohre sind so ausgeleiert, daß sie unsicher schießen und bis zu uns herüberstreuen. Wir haben zuwenig Pferde. Unsere frischen Truppen sind blutarme, erholungsbedürftige Knaben, die keinen Tornister tragen können, aber zu sterben wissen. Zu Tausenden. Sie verstehen nichts vom Kriege, sie gehen nur vor und lassen sich abschießen. Ein einziger Flieger knallte aus Spaß zwei Kompanien von ihnen weg, ehe sie etwas von Deckung wußten, als sie frisch aus dem Zuge kamen.

»Deutschland muß bald leer sein«, sagt Kat.

Wir sind ohne Hoffnung, daß einmal ein Ende sein könnte. Wir denken überhaupt nicht so weit. Man kann einen Schuß bekommen und tot sein; man kann verletzt werden, dann ist das Lazarett die nächste Station. Ist man nicht amputiert, dann fällt man über kurz oder lang einem dieser Stabsärzte in die Hände, die, das Kriegsverdienstkreuz im Knopfloch, einem sagen: »Wie, das bißchen verkürzte Bein? An der Front brauchen Sie nicht zu laufen, wenn Sie Mut haben. Der Mann ist k.v. Wegtreten!«

Kat erzählt eine der Geschichten, die die ganze Front von den Vogesen bis Flandern entlanglaufen, – von dem Stabsarzt, der Namen vorliest auf der Musterung und, wenn der Mann vortritt, ohne aufzusehen, sagt: »K.v. Wir brauchen Soldaten draußen.« Ein Mann mit Holzbein tritt vor, der Stabsarzt sagt wieder: k.v. – »Und da«, Kat hebt die Stimme, »sagt der Mann zu ihm: ›Ein Holzbein habe ich schon; aber wenn ich jetzt hinausgehe und wenn man mir den Kopf abschießt, dann lasse ich mir einen Holzkopf machen und werde Stabsarzt!‹« – Wir sind alle tief befriedigt über diese Antwort.

Es mag gute Ärzte geben, und viele sind es; doch einmal

fällt bei den hundert Untersuchungen jeder Soldat einem dieser zahlreichen Heldengreifer in die Finger, die sich bemühen, auf ihrer Liste möglichst viele a. v. und g. v. in k. v. zu verwandeln.

Es gibt manche solcher Geschichten, sie sind meistens noch viel bitterer. Aber sie haben trotzdem nichts mit Meuterei und Miesmachen zu tun; sie sind ehrlich und nennen die Dinge beim Namen; denn es besteht sehr viel Betrug, Ungerechtigkeit und Gemeinheit beim Kommiß. Ist es nicht viel, daß trotzdem Regiment auf Regiment in den immer aussichtsloser werdenden Kampf geht und daß Angriff auf Angriff erfolgt bei zurückweichender, zerbröckelnder Linie?

Die Tanks sind vom Gespött zu einer schweren Waffe geworden. Sie kommen, gepanzert, in langer Reihe gerollt und verkörpern uns mehr als anderes das Grauen des Krieges.

Die Geschütze, die uns das Trommelfeuer herüberschikken, sehen wir nicht, die angreifenden Linien der Gegner sind Menschen wie wir – aber diese Tanks sind Maschinen, ihre Kettenbänder laufen endlos wie der Krieg, sie sind die Vernichtung, wenn sie fühllos in Trichter hineinrollen und wieder hochklettern, unaufhaltsam, eine Flotte brüllender, rauchspeiender Panzer, unverwundbare, Tote und Verwundete zerquetschende Stahltiere – – Wir schrumpfen zusammen vor ihnen in unserer dünnen Haut, vor ihrer kolossalen Wucht werden unsere Arme zu Strohhalmen und unsere Handgranaten zu Streichhölzern.

Granaten, Gasschwaden und Tankflottillen – Zerstampfen, Zerfressen, Tod.

Ruhr, Grippe, Typhus – Würgen, Verbrennen, Tod. Graben, Lazarett, Massengrab – mehr Möglichkeiten gibt es nicht.

*

Bei einem Angriff fällt unser Kompanieführer Bertinck. Er war einer dieser prachtvollen Frontoffiziere, die in jeder brenzligen Situation vorne sind. Seit zwei Jahren war er bei uns, ohne daß er verwundet wurde, da mußte ja endlich etwas passieren. Wir sitzen in einem Loch und sind eingekreist. Mit den Pulverschwaden weht der Gestank von Öl oder Petroleum herüber. Zwei Mann mit einem Flammenwerfer werden entdeckt, einer trägt auf dem Rücken den Kasten, der andere hat in den Händen den Schlauch, aus dem das Feuer spritzt. Wenn sie so nahe herankommen, daß sie uns erreichen, sind wir erledigt, denn zurück können wir gerade jetzt nicht.

Wir nehmen sie unter Feuer. Doch sie arbeiten sich näher heran, und es wird schlimm. Bertinck liegt mit uns im Loch. Als er merkt, daß wir nicht treffen, weil wir bei dem scharfen Feuer zu sehr auf Deckung bedacht sein müssen, nimmt er ein Gewehr, kriecht aus dem Loch und zielt, liegend aufgestützt. Er schießt – im selben Moment schlägt eine Kugel bei ihm klatschend auf, er ist getroffen. Doch er bleibt liegen und zielt weiter – einmal setzt er ab und legt dann aufs neue an; endlich kracht der Schuß. Bertinck läßt das Gewehr fallen, sagt: »Gut«, und rutscht zurück. Der hinterste der beiden Flammenwerfer ist verletzt, er fällt, der Schlauch rutscht dem andern weg, das Feuer spritzt nach allen Seiten, und der Mann brennt.

Bertinck hat einen Brustschuß. Nach einer Weile schmettert ihm ein Splitter das Kinn weg. Der gleiche Splitter hat noch die Kraft, Leer die Hüfte aufzureißen. Leer stöhnt und stemmt sich auf die Arme, er verblutet rasch, niemand kann ihm helfen. Wie ein leerlaufender Schlauch sackt er nach ein paar Minuten zusammen. Was nützt es ihm nun, daß er in der Schule ein so guter Mathematiker war.

*

Die Monate rücken weiter. Dieser Sommer 1918 ist der blutigste und der schwerste. Die Tage stehen wie Engel in Gold und Blau unfaßbar über dem Ring der Vernichtung. Jeder hier weiß, daß wir den Krieg verlieren. Es wird nicht viel darüber gesprochen, wir gehen zurück, wir werden nicht wieder angreifen können nach dieser großen Offensive, wir haben keine Leute und keine Munition mehr.

Doch der Feldzug geht weiter – das Sterben geht weiter –

Sommer 1918 – Nie ist uns das Leben in seiner kargen Gestalt so begehrenswert erschienen wie jetzt; – der rote Klatschmohn auf den Wiesen unserer Quartiere, die glatten Käfer an den Grashalmen, die warmen Abende in den halbdunklen, kühlen Zimmern, die schwarzen, geheimnisvollen Bäume der Dämmerung, die Sterne und das Fließen des Wassers, die Träume und der lange Schlaf – o Leben, Leben, Leben!

Sommer 1918 – Nie ist schweigend mehr ertragen worden als in dem Augenblick des Aufbruchs zur Front. Die wilden und aufpeitschenden Gerüchte von Waffenstillstand und Frieden sind aufgetaucht, sie verwirren die Herzen und machen den Aufbruch schwerer als jemals!

Sommer 1918 – Nie ist das Leben vorne bitterer und grauenvoller als in den Stunden des Feuers, wenn die bleichen Gesichter im Schmutz liegen und die Hände verkrampft sind zu einem einzigen: Nicht! Nicht! Nicht jetzt noch! Nicht jetzt noch im letzten Augenblick!

Sommer 1918 – Wind der Hoffnung, der über die verbrannten Felder streicht, rasendes Fieber der Ungeduld, der Enttäuschung, schmerzlichste Schauer des Todes, unfaßbare Frage: Warum? Warum macht man kein Ende? Und warum flattern diese Gerüchte vom Ende auf?

*

Es gibt so viele Flieger hier, und sie sind so sicher, daß sie auf einzelne Leute Jagd machen wie auf Hasen. Auf ein deutsches Flugzeug kommen mindestens fünf englische und amerikanische. Auf einen hungrigen, müden deutschen Soldaten im Graben kommen fünf kräftige, frische andere im gegnerischen. Auf ein deutsches Kommißbrot kommen fünfzig Büchsen Fleischkonserven drüben. Wir sind nicht geschlagen, denn wir sind als Soldaten besser und erfahrener; wir sind einfach von der vielfachen Übermacht zerdrückt und zurückgeschoben.

Einige Regenwochen liegen hinter uns – grauer Himmel, graue zerfließende Erde, graues Sterben. Wenn wir hinausfahren, dringt uns bereits die Nässe durch die Mäntel und Kleider, – und so bleibt es die Zeit vorne auch. Wir werden nicht trocken. Wer noch Stiefel trägt, bindet sie oben mit Sandsäcken zu, damit das Lehmwasser nicht so rasch hineinläuft. Die Gewehre verkrusten, die Uniformen verkrusten, alles ist fließend und aufgelöst, eine triefende, feuchte, ölige Masse Erde, in der die gelben Tümpel mit spiralig roten Blutlachen stehen und Tote, Verwundete und Überlebende langsam versinken.

Der Sturm peitscht über uns hin, der Splitterhagel reißt aus dem wirren Grau und Gelb die spitzen Kinderschreie der Getroffenen, und in den Nächten stöhnt das zerrissene Leben sich mühsam dem Schweigen zu. Unsere Hände sind Erde, unsere Körper Lehm und unsere Augen Regentümpel. Wir wissen nicht, ob wir noch leben.

Dann stürzt die Hitze wie eine Qualle feucht und schwül in unsere Löcher, und an einem dieser Spätsommertage, beim Essenholen, fällt Kat um. Wir beide sind allein. Ich verbinde seine Wunde; das Schienbein scheint zerschmettert zu sein. Es ist ein Knochenschuß, und Kat stöhnt verzweifelt: »Jetzt noch – gerade jetzt noch –«

Ich tröste ihn. »Wer weiß, wie lange der Schlamassel noch dauert! Du bist erst mal gerettet –«

Die Wunde beginnt heftig durchzubluten. Kat kann nicht allein bleiben, damit ich eine Bahre zu holen versuche. Ich weiß auch nirgendwo eine Sanitätsstation in der Nähe.

Kat ist nicht sehr schwer; deshalb nehme ich ihn auf den Rücken und gehe zurück mit ihm zum Verbandsplatz.

Zweimal machen wir Rast. Er hat starke Schmerzen durch den Transport. Wir sprechen nicht viel. Ich habe den Kragen meiner Jacke aufgemacht und atme heftig, ich schwitze, und mein Gesicht ist gedunsen von der Anstrengung des Tragens. Trotzdem dränge ich, daß wir weitergehen, denn das Terrain ist gefährlich.

»Geht's wieder, Kat?«

»Muß wohl, Paul.«

»Dann los.«

Ich richte ihn auf, er steht auf dem unverletzten Bein und hält sich an einem Baum fest. Dann fasse ich vorsichtig das verwundete Bein, er gibt sich einen Ruck, und ich nehme auch das Knie des gesunden Beines unter den Arm.

Unser Weg wird schwieriger. Manchmal pfeift eine Granate heran. Ich gehe, so schnell ich vermag, denn das Blut von Kats Wunde tropft zu Boden. Wir können uns nur schlecht schützen vor den Einschlägen, denn ehe wir Deckung nehmen, sind sie längst vorüber. Um abzuwarten, legen wir uns in einen kleinen Trichter. Ich gebe Kat Tee aus meiner Feldflasche. Wir rauchen eine Zigarette. »Ja, Kat«, sage ich trübsinnig, »nun kommen wir doch noch auseinander.«

Er schweigt und sieht mich an.

»Weißt du noch, Kat, wie wir die Gans requirierten? Und wie du mich aus dem Schlamassel holtest, als ich noch ein kleiner Rekrut und zum erstenmal verwundet war? Damals habe ich noch geweint. Kat, es sind fast drei Jahre jetzt.«

Er nickt.

Die Angst vor dem Alleinsein steigt in mir auf. Wenn Kat abtransportiert ist, habe ich keinen Freund mehr hier.

»Kat, wir müssen uns auf jeden Fall wiedersehen, wenn wirklich Frieden ist, ehe du zurückkommst.«

»Glaubst du, daß ich mit dem Knochen da noch mal k. v. werde?« fragt er bitter.

»Du wirst ihn in Ruhe ausheilen. Das Gelenk ist ja in Ordnung. Vielleicht klappt es doch damit.«

»Gib mir noch eine Zigarette«, sagt er.

»Vielleicht können wir irgend etwas später zusammen ma-

chen, Kat.« – Ich bin sehr traurig, es ist unmöglich, daß Kat
– Kat, mein Freund, Kat mit den Hängeschultern und dem
dünnen, weichen Schnurrbart, Kat, den ich kenne auf eine
andere Weise als jeden anderen Menschen, Kat, mit dem
ich diese Jahre geteilt habe –, es ist unmöglich, daß ich Kat
vielleicht nicht wiedersehen soll.

»Gib mir deine Adresse für zu Hause, Kat, auf jeden Fall.
Und hier ist meine, ich schreibe sie dir auf.«
Den Zettel schiebe ich in meine Brusttasche. Wie verlassen
ich schon bin, obschon er noch neben mir sitzt. Soll ich mir
rasch in den Fuß schießen, um bei ihm bleiben zu können?
Kat gurgelt plötzlich und wird grün und gelb. »Wir wollen
weiter«, stammelt er.
Ich springe auf, glühend, ihm zu helfen, ich nehme ihn hoch
und setze mich in Lauf, einen gedehnten, langsamen Dau-
erlauf, damit sein Bein nicht zu sehr schlenkert.
Mein Hals ist trocken, es tanzt mir rot und schwarz vor
den Augen, als ich verbissen und ohne Gnade weiterstol-
pernd, endlich die Sanitätsstation erreiche.
Dort breche ich in die Knie, habe aber noch so viel Kraft,
nach der Seite umzufallen, wo Kats gesundes Bein ist.
Langsam richte ich mich nach einigen Minuten wieder auf.
Meine Beine und meine Hände zittern heftig, ich habe
Mühe, meine Feldflasche zu finden, um einen Schluck zu
nehmen. Die Lippen beben mir dabei. Aber ich lächele –
Kat ist geborgen.
Nach einer Weile unterscheide ich den verworrenen Stim-
menschwall, der sich in meinem Ohr fängt.
»Das hättest du dir sparen können«, sagt ein Sanitäter.
Ich sehe ihn verständnislos an.

Er zeigt auf Kat. »Er ist ja tot.«

Ich begreife nicht. »Er hat einen Schienbeinschuß«, sage ich.

Der Sanitäter bleibt stehen. »Das auch –«

Ich drehe mich um. Meine Augen sind noch immer trübe, der Schweiß ist mir jetzt von neuem ausgebrochen, er läuft über die Lider. Ich wische ihn fort und sehe zu Kat hin. Er liegt still. »Ohnmächtig«, sage ich rasch.

Der Sanitäter pfeift leise: »Das kenne ich nun doch besser. Er ist tot. Darauf halte ich jede Wette.«

Ich schüttele den Kopf. »Ausgeschlossen! Vor zehn Minuten noch habe ich mit ihm gesprochen. Er ist ohnmächtig.«

Kats Hände sind warm, ich fasse ihn bei den Schultern, um ihn mit Tee abzureiben. Da fühle ich meine Finger naß werden. Als ich sie hinter seinem Kopf hervorziehe, sind sie blutig. Der Sanitäter pfeift wieder durch die Zähne: »Siehst du –«

Kat hat, ohne daß ich es bemerkt habe, unterwegs einen Splitter in den Kopf bekommen. Nur ein kleines Loch ist da, es muß ein ganz geringer, verirrter Splitter gewesen sein. Aber er hat ausgereicht. Kat ist tot.

Ich stehe langsam auf.

»Willst du sein Soldbuch und seine Sachen mitnehmen?« fragt der Gefreite mich.

Ich nicke, und er gibt sie mir.

Der Sanitäter ist verwundert. »Ihr seid doch nicht verwandt?«

Nein, wir sind nicht verwandt. Nein, wir sind nicht verwandt.

Gehe ich? Habe ich noch Füße? Ich hebe die Augen, ich

lasse sie herumgehen und drehe mich mit ihnen, einen Kreis, einen Kreis, bis ich innehalte. Es ist alles wie sonst. Nur der Landwehrmann Stanislaus Katczinsky ist gestorben.

Dann weiß ich nichts mehr.

12

Es ist Herbst. Von den alten Leuten sind nicht mehr viele
da. Ich bin der letzte von den sieben Mann aus unserer
Klasse hier.

Jeder spricht von Frieden und Waffenstillstand. Alle warten. Wenn es wieder eine Enttäuschung wird, dann werden
sie zusammenbrechen, die Hoffnungen sind zu stark, sie
lassen sich nicht mehr fortschaffen, ohne zu explodieren.
Gibt es keinen Frieden, dann gibt es Revolution.

Ich habe vierzehn Tage Ruhe, weil ich etwas Gas geschluckt
habe. In einem kleinen Garten sitze ich den ganzen Tag in
der Sonne. Der Waffenstillstand kommt bald, ich glaube
es jetzt auch. Dann werden wir nach Hause fahren.

Hier stocken meine Gedanken und sind nicht weiterzu-
bringen. Was mich mit Übermacht hinzieht und erwartet,
sind Gefühle. Es ist Lebensgier, es ist Heimatgefühl, es ist
das Blut, es ist der Rausch der Rettung. Aber es sind keine
Ziele.

Wären wir 1916 heimgekommen, wir hätten aus dem
Schmerz und der Stärke unserer Erlebnisse einen Sturm
entfesselt. Wenn wir jetzt zurückkehren, sind wir müde,

zerfallen, ausgebrannt, wurzellos und ohne Hoffnung. Wir werden uns nicht mehr zurechtfinden können.

Man wird uns auch nicht verstehen – denn vor uns wächst ein Geschlecht, das zwar die Jahre hier gemeinsam mit uns verbrachte, das aber Bett und Beruf hatte und jetzt zurückgeht in seine alten Positionen, in denen es den Krieg vergessen wird, – und hinter uns wächst ein Geschlecht, ähnlich uns früher, das wird uns fremd sein und uns beiseite schieben. Wir sind überflüssig für uns selbst, wir werden wachsen, einige werden sich anpassen, andere sich fügen, und viele werden ratlos sein; – die Jahre werden zerrinnen, und schließlich werden wir zugrunde gehen.

Aber vielleicht ist auch alles dieses, was ich denke, nur Schwermut und Bestürzung, die fortstäubt, wenn ich wieder unter den Pappeln stehe und dem Rauschen ihrer Blätter lausche. Es kann nicht sein, daß es fort ist, das Weiche, das unser Blut unruhig machte, das Ungewisse, Bestürzende, Kommende, die tausend Gesichter der Zukunft, die Melodie aus Träumen und Büchern, das Rauschen und die Ahnung der Frauen, es kann nicht sein, daß es untergegangen ist in Trommelfeuer, Verzweiflung und Mannschaftsbordells.

Die Bäume hier leuchten bunt und golden, die Beeren der Ebereschen stehen rot im Laub, Landstraßen laufen weiß auf den Horizont zu, und die Kantinen summen wie Bienenstöcke von Friedensgerüchten.

Ich stehe auf.

Ich bin sehr ruhig. Mögen die Monate und Jahre kommen, sie nehmen mir nichts mehr, sie können mir nichts mehr nehmen. Ich bin so allein und so ohne Erwartung, daß ich ihnen entgegensehen kann ohne Furcht. Das Leben, das mich durch diese Jahre trug, ist noch in meinen Händen und Augen. Ob ich es überwunden habe, weiß ich nicht. Aber solange es da ist, wird es sich seinen Weg suchen, mag dieses, das in mir »Ich« sagt, wollen oder nicht.

* *

*

Er fiel im Oktober 1918, an einem Tage, der so ruhig und still war an der ganzen Front, daß der Heeresbericht sich nur auf den Satz beschränkte, im Westen sei nichts Neues zu melden.

Er war vornübergesunken und lag wie schlafend an der Erde. Als man ihn umdrehte, sah man, daß er sich nicht lange gequält haben konnte; – sein Gesicht hatte einen so gefaßten Ausdruck, als wäre er beinahe zufrieden damit, daß es so gekommen war.

Erich Maria Remarque
Der Feind

Erzählungen

Herausgegeben von Thomas Schneider
Aus dem Englischen von Barbara von Bechtolsheim
Leinen

Diese Erzählungen Remarques sind für den deutschen Leser
eine Novität. Sie erschienen zuerst 1930/31 in einer amerika-
nischen Zeitschrift in der Nachfolge seines Romans *Im
Westen nichts Neues*. Ihr Thema ist das Stigma des Krieges,
das sich erst in den Jahren danach in den stillen, oft auch dra-
matischen Veränderungen der Menschen zeigt. Remarques
Geschichten sind ein Appell gegen das Vergessen. Das gibt
ihnen ihre unverwechselbare Eindringlichkeit.

Kiepenheuer & Witsch

Ruth Marton
Mein Freund Boni

Erinnerungen an Erich Maria Remarque

Leinen

Von der mehr als 30jährigen Freundschaft mit Remarque, die sich aus einer flüchtigen Begegnung entwickelte, erzählt Ruth Marton in ihren Erinnerungen. Ein intimes Porträt, das zum ersten Mal Remarque aus dem Schatten seines Ruhms herausholt und ihn als Menschen zeigt.

Kiepenheuer & Witsch

Erich Maria Remarque

KiWi Paperbackreihe bei Kiepenheuer & Witsch

Vicki Baum
Der Weihnachtskarpfen
Erzählungen

KiWi 322

»Vermutlich das Anständigste (...), was ich geschrieben habe«, urteilte Vicki Baum selbst über die Qualität der vorlie-
genden Erzählungen. Mit diesen Texten, in denen sie sich als
souveräne differenzierte Erzählerin erweist, hat sie sich ohne
Zweifel einen dauerhaften Platz in der deutschen Literatur
erschrieben.

KiWi Paperbackreihe bei Kiepenheuer & Witsch

Joseph Roth

KiWi Paperbackreihe bei Kiepenheuer & Witsch